认知冲突

培养数学核心素养的思考与实践

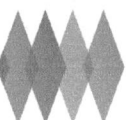

白 杰 ◎ 主 编
白志峰 ◎ 副主编

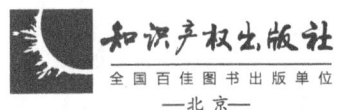

全国百佳图书出版单位
—北京—

图书在版编目（CIP）数据

认知冲突培养数学核心素养的思考与实践/白杰主编；白志峰副主编.—北京：知识产权出版社，2022.1
ISBN 978-7-5130-7975-4

Ⅰ.①认… Ⅱ.①白…②白… Ⅲ.①中学数学课—教学参考资料 Ⅳ.①G633.603

中国版本图书馆CIP数据核字（2021）第260354号

责任编辑：江宜玲 荆成恭 责任校对：王 岩
封面设计：回归线（北京）文化传媒有限公司 责任印制：孙婷婷

认知冲突培养数学核心素养的思考与实践
白 杰 主 编
白志峰 副主编

出版发行：知识产权出版社 有限责任公司	网　　址：http://www.ipph.cn
社　　址：北京市海淀区气象路50号院	邮　　编：100081
责编电话：010-82000860转8341	责编邮箱：jcggxj219@163.com
发行电话：010-82000860转8101/8102	发行传真：010-82000893/82005070/82000270
印　　刷：北京建宏印刷有限公司	经　　销：各大网上书店、新华书店及相关专业书店
开　　本：720mm×1000mm 1/16	印　　张：14
版　　次：2022年1月第1版	印　　次：2022年1月第1次印刷
字　　数：217千字	定　　价：69.00元
ISBN 978-7-5130-7975-4	

出版权专有　侵权必究
如有印装质量问题，本社负责调换。

编委会

主　　任：白　杰
副 主 任：白志峰
编写人员（以本书案例的顺序排序）：
　　　　　　白　杰　秦红霞　卢　爽　罗晓燕　张如意
　　　　　　刘　进　白志峰　杨　娟　于艳梅　赵月灵
　　　　　　黄　萍　史红静　赵亚利

目 录

第一篇 原理学习与认识

第一章 高中数学教学认知冲突策略 ………………………………… 3
第一节 认知冲突策略概述 …………………………………………… 3
一、内涵阐释 ……………………………………………………… 3
二、理论基础 ……………………………………………………… 6
第二节 高中数学教学中认知冲突策略的应用 ……………………… 9
一、认知冲突的运筹 ……………………………………………… 9
二、认知冲突的创设 ……………………………………………… 10
三、认知冲突的解决 ……………………………………………… 13
四、认知冲突的转化 ……………………………………………… 15
第三节 认知冲突策略在高中数学教学中的意义 …………………… 16
一、激发学习动力，提高教学效率 ……………………………… 16
二、促进学生进行有意义学习 …………………………………… 16
三、帮助学生树立批判性思维 …………………………………… 17
四、彰显对教学艺术的追求 ……………………………………… 18
第四节 认知冲突在教学中的应用 …………………………………… 19

第二章 高中数学核心素养 ……………………………………………… 21
第一节 高中数学核心素养概述 ……………………………………… 21

— 1 —

一、高中数学核心素养内涵 …………………………… 21
　　二、高中数学核心素养构成 …………………………… 21
　　三、与数学能力之间的关系 …………………………… 24
　　四、与素质教育之间的关系 …………………………… 25
第二节　高中数学核心素养培养途径 …………………………… 26
　　一、数学抽象能力的培养 ……………………………… 26
　　二、逻辑推理能力的培养 ……………………………… 28
　　三、数学建模能力的培养 ……………………………… 31
　　四、数学运算能力的培养 ……………………………… 31
　　五、直观想象能力的培养 ……………………………… 33
　　六、数据分析能力的培养 ……………………………… 33
第三节　中学生数学核心素养培养的意义 ……………………… 34
　　一、适应教学改革的需要 ……………………………… 34
　　二、中学数学教育的重要手段 ………………………… 35
　　三、适应社会经济发展的需要 ………………………… 36

第三章　高中数学教学方法的选择 …………………………… 37
第一节　数学教学方法的含义 …………………………………… 37
第二节　数学教学方法的发展 …………………………………… 38
　　一、以充分发展学生智力、培养学生创新能力和树立创新活动
　　　　意识等作为教学出发点 ……………………………… 38
　　二、学生为教育主体，教师为教学主导 ……………… 38
　　三、注重关于主动学习相关理论的科学研究成果 …… 39
　　四、重视非智力发育因素的直接影响 ………………… 39
第三节　高中数学教学方法的重要性 …………………………… 39
第四节　高中数学选择教学方法的重要依据 …………………… 40
　　一、高中生的生理与心理特征 ………………………… 40
　　二、数学课堂教学的目标与任务 ……………………… 41
　　三、课堂教学内容 ……………………………………… 41

第二篇　教学实践与反思

案例一　导数的概念：曲线切线斜率教学设计分析	45
案例二　变量间相关关系之线性回归方程教学设计分析	53
案例三　斜看双曲线教学设计分析	65
案例四　古典概型教学设计分析	73
案例五　几类不同增长的函数模型教学设计分析	83
案例六　三角函数零点问题探索教学设计分析	95
案例七　函数 $y=A\sin(\omega x+\varphi)$ 的图象（第一课时）	101
案例八　数系的扩充与复数的概念教学设计分析	111
案例九　卡方独立性检验教学设计分析	121
案例十　复数的乘、除运算教学设计分析	127
案例十一　回归根本　再探要素教学设计分析	135
案例十二　双曲线的渐近线教学设计分析	145
案例十三　直线的倾斜角与斜率教学设计分析	149
案例十四　三次函数的图象和性质教学设计分析	157
案例十五　超几何分布（第一课时）教学设计分析	167
案例十六　函数零点与方程的解教学设计分析	173
案例十七　余弦定理教学设计分析	183
案例十八　任意角的三角函数教学设计分析	191
案例十九　三角函数性质的延伸和拓展教学设计分析	197
案例二十　函数概念教学设计分析	205

第一篇 原理学习与认识

第一章 高中数学教学认知冲突策略

第一节 认知冲突策略概述

一、内涵阐释

认知冲突是指我们已有的知识和经验与当前面临的情境之间的矛盾或差别,这种矛盾或差别会让学生产生新奇和惊愕。学生在学习知识或巩固知识点的时候,经常将已学过的知识经验与新知识结合,造成一定程度上的认知错误。所以,在中学数学的教学中,教师就要以学生的这种模糊意识为出发点,运用认知冲突来激发学生学习的欲望并凸显学习新知识的明确性,进而完善学生的认知结构。"认知冲突策略"建立在许多心理学家和专家的实践研究之上,在各科教学中的应用是心理学和教育学的非凡结合,对各科的教学来说具有重大意义。

(一)认知冲突

在我们看来,"冲突"既可以用作动词,也可以用作名词。今天,"冲突"一词本质上是指两方或多方之间明显的对抗和潜在的心理对抗,这个过程很少用于无生命事物之间的碰撞和冲击。关于"冲突"的定义,哲学、社会学、社会心理学、教育组织行为学等都对此有不同的研究,也有大量的学者从不同的角度、不同的研究范围来定义"冲突",因此每个学者对"冲突"都有不同的定义。

在国内外的研究中,对认知冲突的定义大同小异,并没有很大的差异。根据苏联教育家维科夫斯基的说法,认知冲突是一个人注意到自己的认知结构与外部环境或其他人的认知（想法、信念等）之间存在差异时的感官状态；但有些研究人员认为认知冲突是当原始认知概念或结构不协调时表现出来的心理矛盾。目前，在教学上对认知冲突有了新的定义：学生原有的认知结构与当前的学习使命之间存在无法容忍的矛盾。钟大伟说，认知冲突是一种心理上的矛盾，是最初的发展认知概念与当前的情况不符时的冲突。另外，一些一线教师认为，认知冲突是指学生在日常学习中接收到的信息，即原有认知与现实即新知识的结构不兼容，是心理出现失衡和冲突的一种心理状态。总的来说，上述专家对认知冲突的定义有相似之处，都是将其视为心理上的"失衡"或个体最初的智力经验与现实不匹配所导致的矛盾状态。对于"冲突"的判断，我们可以说它可能是对的，但也有可能是错误的。当一个人的"冲突"与新概念不匹配时，就会引发认知冲突。

（二）教学策略

教学策略可以说一直并且将继续处于课程和教学的中心，因为它不仅有助于课程的发展、教学的理论发展和实践，而且有助于提高教学质量，有利于学生对知识的吸收。对于教学策略的具体含义，教育界有很多解释，也有共性和差异。教学策略在《当代西方心理学新词典》和《心理咨询大百科全书》中都有一定的解释。前者从广义和狭义上解释教学策略，包括教与学；后者仅指教师的教学策略，它对教育课程设计至关重要，是实现教育目标以及一系列教育行动能否成功的关键。在《心理咨询大百科全书》中，对教学策略的解读主要集中在狭义的方面，对教学策略的定义与《当代西方心理学新词典》没有太大区别，都认为教学策略主要是指所有教学程序、方法等的实施，都是为了使教学活动达到教学目标。

同时，教学策略也是一个教育心理学的问题，它仅限于这个领域，可以有效地指导教学，但它不是纯理论的，也不是规定性的。教学策略或源于理论的演进，或源于教学经验的获得，旨在实现特定的教学目标，并结合教学的过程、形式等对教学过程进行规范和控制，并且根据学生的认知特征进行活动。在教学中，没有通用的教学策略，也没有满足所有的教学需求的教学策略，因此有效的教学策略是多种策略相结合的，在特定情况下能够达到特定目标的有效教学策略才是更好的。在实践中对教学策略要多了解，因为只有了解不同的教学策略，才能制定更佳的解决方案来满足自己的教学需求。

不同的专家从不同的角度研究教学策略，所以教学策略的方式和类型有很多，如现在比较流行的力士乐教学策略，它主要包括三种类型：组织、归因和管理策略。根据教师教学任务的不同，有人将教学策略分为管理策略和导向策略两大类。但也有学者将教学策略分为通识教育策略和特殊教育策略、问题导向教学策略和自主教学策略，所以各有各的看法。

总之，在教学中应用教学策略需要坚持教师的引导作用，教师要不断发展和实施教学策略，通过与学生之间的交流促进学习，并产生认知冲突，使学生在认知冲突中获得新知识，在这个层面上，教师也是学生认知发展的促进者。课堂上，教师总是不断地在学生已有经验和先前常识的基础上，创设对应的情境，让学生在情境中发现问题，使学生在认知上出现冲突或矛盾，教师再加以正确引导和启发，帮助学生在新知识与原有概念之间建立关系，并激发学生对新知识和原有概念进行思维重构，将新知识整合进原有的知识结构中，学习就发生了。这就是由经验引起学生的原有认知冲突，并随着学生接触的新知识的不断增多、不断叠加，不断解决认知冲突，不断思维重构，周而复始，这就是真正的学习。而其中的每次认知冲突，便是承接人生漫长学习过程中的中继点。著名诺贝尔物理学奖获得者杨振宁先生曾指出，直觉与知识冲突时，是学习的最好时机。这充分说明，认知冲突是激发学习者探索未知事物的启动点，是保持学习者持续学习意愿和热情的动力。

（三）认知冲突策略

个体认知矛盾和失衡是认知冲突的普遍表现。在唯物辩证法中，矛盾与发展的关系既对立又统一，事物的发展是由矛盾驱动的，内在矛盾是根本，外在因素是条件，这个理论在教学中也是如此。对学生来说，外在因素主要包括教师、教材、学校氛围等,这些外在因素不能影响思维的发展。所以认知冲突是发展的内在矛盾,它会影响思维的发展。从这个角度来看,我们可以认为,认知冲突的产生是学生思维发展的一个重要的、必不可少的阶段。当认知冲突被认为是一种有效的教学资源时,教师应积极加以鼓励,并以此作为教学的补充。学生最初的知识基础、智力经验和认知特征构成了教师提供教学的重要依据,教师可以适当地制造认知冲突,引导学生一次次化解冲突,充分激发学生的思维能力。因此通过这种教学策略,可以有效帮助学生发展他们的思维能力。

所谓认知冲突策略,是指以认知发展、建构主义等相关理论为指导,让教师深化教学内容,找出容易引发学生认知矛盾或失衡的知识点,激发学生思维的教学策略。通过提出问题,将认知冲突转化为认知平衡。它包括四个要素:认知冲突的准备、创造、解决和转化。

认知冲突策略既不是教学设计,也不是教学方法的简单应用,而是对整个教学活动的调节,包括学前学生对知识差距的认知,对知识差距的理解,包括教学设计以及具体教学方法的实施。好的认知冲突总是会让人有更多的探索欲望,因为学生往往对教师提出的问题有表象感而不是使用感,这就激发了强烈的探索欲望。但是能否达到这种效果与教师的个人知识和对学生个体情况的掌握密不可分。教师充分利用新知识与旧知识的联系,激活学生初始知识中的相关知识,使他们在学习新知识的过程中产生似曾相识的感觉,使他们渴望获得新知识,然后利用新旧知识之间的差异来制造矛盾,给学生一种"不同"的感觉。这样的话对于学生来说,就是一个很好的进步,这个策略的最终目的是促进学生的认知发展。

二、理论基础

(一)皮亚杰的建构主义理论

基于皮亚杰的发展性认知理论,我们可以知道教学应该适应学生的认知发展水平。首先,教师应注重为学生提供广泛的学习活动,使他们能够自发地与外界环境互动,自发地学习新知识。其次,教师要介绍本节课相关史料，结合材料提出促进学生认知失衡的问题，这些问题应该是最难的，并且可以促进学生认知水平的提高。最后，教师需要了解学生的思维过程，不同的学生，思考问题的方式可能不同，教师需要根据自己目前的认知水平提出合适的学习活动。因为每个学生的教育环境、思维能力都不一样，所以每个学生的认知水平都是不同的。高中生在年龄上处于思维能力发展阶段，与成人接近，不再依赖具体事物，善于表达抽象的事物，逻辑能力比较强，所以教师需要牢牢把握这些差异，采用适合学生的教学方法。另外，教师要认识到同龄、同班学生的知识水平不同，学生一旦产生情境、认知冲突的时候，可以组织学生之间进行讨论，使他们可以相互理解、挑战，这是实现认知发展的一种非常有效的方式。皮亚杰的建构主义理论告诉我们，必须实现自下而上的认知发展。我们必须打破原有的认知结构，当新知识与旧知识发生冲突时，学生的知识也会失衡。引导学生在仔细思考的基础上解决问题，可以更好地促进认知发展。因此，我们需要关注学生已有知识与新知识之间的矛盾或利用学生的已有知识点制造认知冲突，即利用认知冲突策略来实现学生的认知发展。

根据皮亚杰的观点，他将"同化"作为获取和保留有用知识的心理机制。"同化"的出现需要在新形象与个人旧知识中相关的概念和符号之间建立联系和互动。在"同化"过程中，新的知识被融入原有的认知结构中，从而可以通过修改或重组来丰富原有的认知结构。

（二）布鲁纳的认知—发现学习理论

认知—发现学习理论不仅是认知学习理论的一部分，也是重要的布鲁纳理论。在认知—发现学习理论中，他把认知学习过程分成新信息的获取、转化和评价三个阶段。首先，新信息获取可以是旧知识的深化，也可以是旧知识的对立面，一旦获得，就必须转化为新的学习任务，使新旧知识能够互动，从而使知识变得更加丰富。在布鲁纳看来，学习不是被动反应，而是重组或创造新的认知结构、感知或理解外部事物的一般方式，由经验形成的概念结构是认知结构，其主要元素是范畴的编码系统。只有具备一定的认知结构才能获得新知识，新结构的形成也是学习的最终归宿，通过发现学习，将旧知识的基本结构转化为新的认知结构。布鲁纳强调学生主动探索，而不是盲目将新知识与旧知识连在一起，建立新的知识体系。

（三）奥苏伯尔的有意义学习理论

奥苏伯尔是继布鲁纳之后著名的教育心理学家，他提出的有意义学习是在皮亚杰和布鲁纳的认知学习理论基础上发展起来的一种理论。他认为分类标准不同，学习的类型也不同。根据学习方式，可以分为接受学习和发现学习；根据知识与学习材料的关系，也可以分为有意义的学习和无意义的学习。在对应的两组概念中，奥苏伯尔认为有意义的学习接受是最关键的，因为它可以帮助学生系统地获取知识并养成更好的学习习惯，从而实现认知发展；而无意义的学习是机械式学习，就是说这种学习是盲目的，只是一种机械式的活动，没有任何意义。有意义的学习的本质是在认知结构中形成新知识与已有知识的自然联系，使所获得的知识融入认知结构成为可能，即新知识与旧知识形象地联系。无意义的学习主要是教师传授知识的时候，学生理解得不多，知识没有被学生消化掉，学生没有在这些知识之间建立内在的联系，或者知识是碎片化的、没有联系的，这样的学习就是机械式学习。

（四）问题意识

西方著名哲学家卡尔·波普尔曾说："科学问题总是出现，因为人们需要一个解释。"这个观点是围绕"问题"提出的，它从实践的需要中产生，同时又促进了思想的创新和发展。问题会导致个体之间的认知冲突，从而产生解决问题的动力，激发学习兴趣。问题的出现，离不开对问题的认识。"问题意识"是指个体在遇到不理解的问题时所产生的质疑和探索的心理状态。一方面，"问题意识"是关于"问题"本身，在我们可用的众多选项中，我们必须选择那些在过程中更重要或更有用的选项；另一方面，我们更应该关注问题以及如何解决问题。美国教育专家布隆伯格认为，使学生能够自主提出问题的第一个要素是问题意识，然后学生才能通过语言表达问题,这说明问题意识是学生应具备的首要能力。根据这一特点,让学生能够意识到问题非常重要,无论是对教学还是对他们的个人发展都有帮助。在教学中,教师应将此视为一项重要的教学任务,并在教学中利用一切机会提高学生的认识。在学生学习中,问题意识让学生更容易、更准确地找到并解决问题。比如学生向老师和同学提问,然后解决问题,快速完成教学任务,加深对知识的掌握。

第二节 高中数学教学中认知冲突策略的应用

一、认知冲突的运筹

（一）分析学情和教学内容

教师在课堂教学中首先需要充分了解当前学生的基本认知学习发展情况,准确理解把握当前学生的基本认知教学盲点,以及与已有认知相矛盾的知识。教师只有充分重视做好新知识课堂教学的前期准备工作,才能更有针对性地去进行分析和研究。设计课堂教学要不断提升学生认知冲突问题的难度,创设教学要具有有效性,这样才能更加高效地解决学生实际学习过程中可能遇到的认知冲突,并且最后将认知冲突转化为一种促进学生学习知识的强大动力。

（二）预测和探查认知冲突

在这一环节中,教师要有比较强的认知冲突策略,就是数学认知意识,而在实际的课堂教学中,由于不同教龄的数学教师在教学实践经验上有可能也会存在较大差异,因此对于数学认知冲突的教学运筹,既要结合自己的教学实践经验,归纳分析总结易懂的数学认识冲突中的数学知识点,也要多加关注留意学生的各种认知冲突情况,做到有教学计划、有教学目的、及时了解学生,进行数学认知冲突设计的预测和探查,才能保证数学认知冲突教学设计理论的科学性和有效性。

（三）设计认知冲突问题

认知冲突的整合设计在一定程度上就是帮助培养和不断提升教师的课堂教学水平，认知冲突的整体设计环节要保证学生认知冲突设计策略有效运用。这就需要数学教师正确设计学生认知冲突策略，并且还应充分采用相对合适的课堂教学方式，进而更好、更有效地实现学生认知冲突的有效创设、解决和转化。

二、认知冲突的创设

（一）创设矛盾情境，制造认知冲突

高中生在进入一所学校学习之前就已经积累了大量的生活实践经验，学生们的生活实践经验为他们开始接受高中课堂教育打下了一定的基础，但是有些学生的生活实践经验可能与一些科学理论和事实不完全相符。如果一个学生在接受高中课堂教育的过程中突然遇到一些其生活实践经验与科学理论和事实相矛盾的知识点时，就非常有可能由此产生心理认知上的冲突。而数学教师在课堂教学过程中应该充分利用这一点，尽可能地把这些教材内容与学生自身日常生活学习经验相结合，提炼出这些教材内容中与日常生活学习经验相联系的内容，并将这些教材内容合理化地设置在课堂教学运用过程中，进而有效引发学生的实际认知冲突，激发学生的数学学习活动兴趣，也有助于使基础数学教学内容更加丰富、贴近生活，通过深入的培训和相关的科学知识，改正原有的错误并丰富生活的经验。数学是从实际生活中抽象出来，再应用于生活的一门学科，对于与生活联系紧密的例子，学生更容易理解与接受。学生面对生活化的数学问题，也倾向于从已有的生活经验角度进行思考，但是有些生活经验与数学概念本质是不一样的，对此教师可以抓住生活经验与数学学习的矛盾，引发学生的认知冲突，进而激发学生对数学知识的求知欲与探究热情。

（二）结合新旧知识，引发认知冲突

虽然在高中数学教材的结构编排中也存在个别章节的内容比较抽象、难以准确理解，但总体来说依然是根据高中学生的主体认知思维特点以及

学生学科发展特点来进行教材编排结构设计的，教材编排中的学习内容一般情况下主要遵循由易到难、由简单到复杂的编排设计规律。一般情况下，学生刚刚开始接触某一门学科时，其所学习的知识内容往往可能比较具体、简单，甚至可能是不精确的，伴随着学生学习的不断深入，学生容易在由旧知识向新知识不断过渡的地方产生矛盾，此时任课教师如果能够做到及时合理利用这些矛盾点来设置学生认知上的冲突，进而有效引发学生对学习情境的深入思考，将会更有利于激发学生的学习活动兴趣和产生求知的欲望，并通过案例引导学生分析、比较新旧两类知识的基本区别和实际联系方式，这样就可以极大地促进学生对于新知识和旧知识的深入学习和有效掌握。数学史记录了数学家追求知识的艰辛历程，在高中数学教学中，教师可以结合数学史中有趣的故事，给学生制造认知冲突，从中引出学习课题。

（三）利用实际操作，碰撞认知冲突

《全日制义务教育数学课程标准》中指出："要重视从学生的生活经验和已有数学知识中快速学习基础和应用数学，要求学生对数学感兴趣，通过解决实质问题，使学生在掌握数学内容的同时，提高自己的综合素质。"因此在教学中，教师必须根据学生的实际情况，利用学生的已有生活经验，创造一种认知上的冲突环境，激发学生强烈的学习兴趣和探求欲望。因而，教师可以提出一些贴近学生生活的数学问题，也可以创设一个使学生感兴趣的问题，从问题进入情境，引导学生用已经学到的知识解决平时无法得到解决的问题，从而激发学生学习新知识的兴趣。教师利用学生对知识点的理解"陷阱"，在课上围绕"陷阱"操作，对学生的理解错误创设认知冲突，让学生可以完全掌握知识点。在理解空间立体几何知识点的时候，学生容易根据自己的直觉来理解，由于忽视了空间视觉的偏差而产生错误的理解。

（四）提出合作学习，激发认知冲突

合作学习有利于提高学生的学习兴趣，更有利于学生提高思考问题的能力。教师可以通过学生之间的合作学习来激发认知冲突，因为学习小组里每个学生的思维能力是不同的，所以容易产生各自的认知冲突。教师应通过认知冲突来分析学生的认知学习误区，让学生理解本节课的重点。比如对公式的探究，通常需要学生自身的理解，先让学生自身产生认知冲突，然后再寻求教师的帮助，这样学生对公式就有了更深刻的理解。

（五）解决生活问题，诱导认知冲突

在实际生活中运用数学知识而产生的认知冲突经常发生在学生身上。在生活问题中不断应用数学知识，学生学习会更加有动力。

（六）利用知识负迁移，转化认知冲突

在学习过程中，一种学习可能会对另一种学习产生消极的影响，两种学习之间相互干扰，在看似差不多但实际并不相似的情况下容易产生负迁移。但一般来说，负迁移现象是短暂的，经过有目的地训练即可消除。学生在知识的易混淆点、易错点容易产生知识的负迁移，如数学概念、公式、定理、法则等，学生没有真正理解记忆，长此以往，就容易出现新旧概念、公式、定理、法则之间相互混淆、模糊的现象，最后导致知识系统混乱。对此，教师不仅要分析教材知识的重点、难点、易混点和易错点，还应考虑班级学生的已有知识水平和认知规律，结合班级学生的实际情况，引导学生厘清知识之间的联系，梳理知识脉络，引导学生挖掘出知识的本质，从而转化学生的认知冲突，促进学习正迁移，进而达到有效学习的目的。

根据学生认知心理，在六个阶段分别构建了创设典型例题的认知冲突；情境创设，制造学生认知冲突，让学生产生心理矛盾；将已有观念与新知识结合，引发认知冲突，激发学生的探究欲；实际操作，碰撞认知冲突，让学生明确学习目标；合作学习，激发认知冲突，引导学生自觉参与并积极思考；教学内容与生活相联系，逐渐激发认知冲突，从而调动学生的学习欲望。六阶段的认知冲突构建串联成一个有效的认知体系，让学生可以把握知识重点，突破难点，培养学生探索意识和创新精神，避免出现知识遗漏，提升学生学习兴趣，更有效地发展了学科素养。

三、认知冲突的解决

(一) 引导独立思考

人总是在不断地学习、试错中慢慢获得成长,在每堂课的课堂教学中,难免会有错误产生,所以我们可以充分利用这种错误,让我们以后少犯错误,让其成为一笔宝贵的课堂教学资源。作为一名高中数学教师,要尽量允许部分学生出错。对于一些学生容易做错而又不易及时察觉到的错误,我们要将其正确地、巧妙地加以合理利用,给予学生充分的自主思考探索时间和发展空间,这样不仅能够促使学生尽快找到出现错误的根源,甚至还可以有效增添课堂教学内容的趣味性,激起学生的创新探究兴趣。

学生在做题时可能产生的一些错误也正是深入理解学习的一个重要契机,教师有时可以"将错就错",先不要急于告诉没有看出来的学生,这会让他们当下没有意识到这个问题是错误的,通过回答问题的引导,让没有认识到自己错误的学生自己意识到的这个问题及其理解方法是否正确,说出自己的见解,帮助学生深入剖析,将矛盾进行深化,从而最终得到合理结论。当学生对自己错误的总结无法充分接受时,心理上便自然产生一种认知上的失衡,这时就会矛盾激化,学生们就会自然产生探究的强烈欲望。此时,教师适时给出点拨,可以更为有效地促使学生彻底放弃传统思维上的诸多误区,重新思考建构认知,让教学达到事半功倍的效果。

(二) 开展课堂讨论

开展合作交流学习活动是目前解决学生认知冲突的有效方法之一。通常学生之间可以通过学术辩论进行争论,合作学习不仅能够有效帮助全班学生解决各种认知上的不平衡,而且还能够有效加深全班同学之间的了解认知,形成良好的数学学习活动氛围,更能有效促进学生数学综合能力的不断提高。

1. 个别学生冲突扩大化

可以通过扩大班级学生的各种认知冲突,将数学课堂上个别学生头脑中可能产生的各种认知冲突放大到班里,由全班同学一起进行一次集体专题讨论，在这样的认知冲突的碰撞中，学生的难题通过集体讨论的方式就可以得到有效解决。这样一种处理方式，相当于把个别学生的认知心理冲突活动转化成了课堂上的一种教学资源，是一种十分巧妙的教学方法。

2. 讨论中产生的认知冲突

教师可以让每个学生充分阐述他们自己的各种理由，从而可以让每个学生充分展露出这种新的想法究竟是如何产生的，再在相互的交流中，比较自己和他人思维过程的差异，分析其中的正确之处和不足之处，最后在自我矫正中得出正确的自我认识。数学问题有时候是非常抽象的，需要很强的逻辑思维能力，解决这些问题需要深入透彻的体悟，不是两个学生可以解决的，所以就要充分发挥集体的力量，这时便可以采用讨论的方式，同学之间相互交流、切磋启发、相互汲取，在全体同学的思维激烈碰撞中相互提炼、理解，这样就非常有利于最终达成全体同学的共识。

（三）联系实际生活

生活和学习数学知识是密不可分的，数学新知识、新情境是一个令学生产生深刻兴趣的数学认知冲突，把这样一个认知冲突与现实生活合理地联系在一起，让学生从日常的学习生活中不断寻求一种解决认知冲突的学习方法，学到丰富的现代数学基础知识，从而充分激发学习兴趣，深刻感受学习现代数学的巨大趣味性；通过联系社会生活实际，让学生自己构建新的主体认知思维结构。

（四）发挥教师引导

在学生认知能力冲突的问题解决教学过程中，教师的指导能帮助学生更好地学习。没有教师的指引，学生的可自主选择学习就会迷失方向，长期发展也许会使学生逐渐失去本来就有的方向性，变得越来越没有目的性，因此教师的自主教学活动引导应该始终贯穿于整个高中学生自主学习的全过程。尤其是当个体内部之间发生各种冲突或者需要设法解决时，教师一般可以直接采用由易到难、逐步渐进的方法来讲解，这样一来，通过教师的正确引导，可以帮助学生正确透过冲突现象看到本质，同时可以帮助学生正确掌握多种学习模式的使用方法，进行多种学习对象迁移，从而有效避免"死读书""读死书"的学习现象。

1. 以"旧"促"新"

用已知的知识去启发未知的知识。教师可以针对引发认知冲突的问题，给出提示，巧妙地设计一个与之相似的问题，以达到以旧促新、触类旁通、温故知新的效果。这种方法尤其适宜于教学难点的问题。

2. 提供相关资料启发

教师通常都是给学生提供一些相关的数学教学资料，让每个学生随时可以进行自主学习摸索或探寻数学知识，解决自己心中对于数学知识的疑问。这些材料可以有效帮助学生正确理解新增的知识，既解决了学生的逻辑认知冲突，又可以充分培养学生的逻辑思维能力和充分利用教学资料的意识。

四、认知冲突的转化

（一）数学知识的转化

通过原有认知冲突的合理解决，教师应引导学生认识并了解到原有知识与所学新知识之间的内在联系和功能差别，使学生对新知识有一个明确性的认识，进而有效促进中学生原有认知经验结构的均衡发展。

（二）数学思维的转化

思维方式的综合转化能力主要是指在学生研究解决实际认知冲突的实践过程中，思考问题的各种思维方法，以及正确看待实际问题的各种思维方式的转化能力。

（三）数学认识的转化

认识的转化主要意义在于学生亲身经历了运用认知冲突处理策略的整个教学实践过程，在这个过程后，学生可以真正明白学习的整个过程并不是一片坦途，在学习的整个过程中会遇到很多阻碍，在这些阻碍面前我们不能望而却步，应该迎难而上，积极主动去深入思考和研究、分析学习上的问题，进而解决实际问题。

第三节 认知冲突策略在高中数学教学中的意义

一、激发学习动力，提高教学效率

认知失衡是处于冲突状态时产生的一种特殊心理状态。认知失衡这种冲突状态很有可能会给学生带来很大的直接影响，促使学生通过努力学习去重新认识原有的心理系统管理体系，力求最终能够达到一种新的认知平衡。因此，认知创新能力属于冲突性的教育措施，有利于充分激发学生逐渐萌发产生不断学习的兴趣，并且萌发探究相关知识的积极性与欲望。在千篇一律的传统课堂教学管理模式下，学生仅仅是接收者，很少能够参与到知识形成的过程中，较小的参与感使得学生容易出现审美疲劳，大大降低了课堂实效性，学习态度懒散，学习提不起精神。另外，在每天做作业的时候，学生只是把作业当成一个任务，简单应付，很少去深入探究完成作业的重要意义。

在上述的课堂实际教学背景下，教师必须具有足够的耐心，要充分激发学生的知识求知欲和知识内驱力，积极地组织学生设置各种具有较强认知性和知识冲突性的问题探究情境，一定要有效地培养学生学习知识的活动力和兴趣，变被动性的综合问题学习为主动性的综合问题学习。

二、促进学生进行有意义学习

奥苏贝尔有意义的学习就是符号所代表的新知识与学习者认知结构中已有的适当观念建立非人为和实质性联系的过程，有意义地进行符号学习的基本条件一般包括：一方面，学习者必须具有有意义学习的心向，即一个学习者必须积极主动地把学习符号所代表的新知识与其认知系统结构中原有的旧知识加以相互性的联系；另一方面，学生应该有意通过旧知识创造新知识，即刺激学生根据他们现有的知识和生活经历建立他们的知识系统，并改善他们的认知结构。因此，教师应注意与新知识相关的旧知识和生活经验，并以某种方式联系学生原有的知识或生活经验，让学生能够主动改进他们的认知结构。

从中我们不难得出为引导学生能够进行有意义的学习，一方面要充分了解学生知识认知体系结构中与新科学知识直接相关的各种已有科学知识和自身生活实践经验，另一方面要使学生具有一种能通过旧知识与新知识建立联系的学习意向，即要通过激发引导学生根据已有的知识和自身生活实践经验不断进行探索，构建自己的知识理解体系，完善自身的知识认知体系结构。所以，教师在教学实践过程中应该更加注重挖掘学生与新知识息息相关的各种生活学习经验，通过一定的教育方式使学生自己能够主动地学习改造、完善自己的知识认知思维结构。

运用原有认知上的冲突解决策略和方法进行课堂教学，也是通过利用学生已有的所学知识或实际生活中的经验，制造学生原有认知上的认识冲突，激发学生从新角度审视自己的学习知识或实际生活中的经验，让学生能够产生积极探索新知识的兴趣和欲望，进而使学生能够更积极主动地在旧知识的经验基础上重新进行探索，建构自己的已有知识经验体系，改造自己原有所学知识中不科学或可能存在认知漏洞的旧知识，完善、更新认知体系结构。在这个发展过程中，一方面，学生能够根据已有的旧知识积极主动地重新进行知识建构；另一方面，在学生已有的旧知识与新知识不断发生相互作用的过程中，旧知识不断被改造或重新完善，而且由于学生已经能够清晰地分辨旧知识与新知识的相互关系，其整个认知系统结构会有新的重大飞跃。综上所述，运用多种认知冲突教学策略组合进行课堂教学能够有效促进学生积极进行有意义的学习。

三、帮助学生树立批判性思维

在现代汉语词典中，"批判"是指对错误或不当的思想、言论和行为进行批评和否定。"批判性思维"是对事物或观点的准确性做出决定的独立于认知的思维和合理推理，并且可以质疑或否认论点。美国学者理查德也认为，批判性思维建立在良好的判断力基础上，使用适当的评价标准可以正确评估和思考事物的真正价值。知识型社会发展有两种驱动力，就是批判性思维和创造性思维。中国著名教育家朱志贤教授也指出，"批判性思维是创造性活动和创造性思维过程中的重要因素。"具有批判性思维的人不会随波逐流，敢于质疑和突破，有自己独特的理解，善于独立思考和解决问题。但是，中国教育界对批判性思维的重视较晚，并且批判性思维与学科能力的结合很薄弱，学生缺乏批判性思维，更多学生认为教师和书籍绝对权威，有着"老师都是正确的，书本上的知识也是正确的"这种思想。这种思想其实是对老师和书本的依赖，在上课的时候，这种学生一般更喜欢关注老师的结论，而且也不能发散自己的思维，不太敢提问，更不用说提出质疑了。这其中的原因不仅仅是我国教育问题的影响，同时还有学生的个人因素，有些学生缺乏生活经验和对客观事物的知识积累，所以在对待问题或者知识点的时候有一定偏颇的倾向。"尽信书则不如无书"，如果书上出现了明显的错误，但是学生还是不敢怀疑，并且也不善于思考，只根据老师的结论，完全照搬教材知识结构，那么这样的学习是毫无意义的，老师的教学效果会大打折扣，学生的学习效果同样会大打折扣。因此，学生也要勇敢表达自己的思想，加强批判性学习。让学生表达自己的真实想法，这是教师教学中的一项重要任务。

四、彰显对教学艺术的追求

教师对教学艺术的理解因人而异。罗素说："教育是获取和应用知识的艺术。"根据罗伯特·特拉弗斯的说法，"教学是一种独特的表演艺术，由教师和观众之间的关系决定。"他认为教学艺术是根据审美要求达到最佳教学效果的教学方法和工具的综合，包括语言艺术、情境艺术等。艺术往往是有吸引力的，一个好的课堂与教师的教学技巧密不可分，教师在教学过程中，如果能充分发挥教学艺术的魅力，那么带来的教学效果是非常理想的。学生在课堂上学习兴趣浓厚、求知欲强，充分说明这堂课是有着很强的艺术性，因此学生的学习效率和学习效果都会不错，同时学生也愿意去学习。

第四节 认知冲突在教学中的应用

针对学生的已有知识经验和生活实际经验来安排教学内容，引发学生"已有知识经验和生活实际"与未知知识之间的冲突。通过引发冲突，可以调动学生对新内容的兴趣，使学生产生要学习的动机，促进学生积极主动地、全身心地投入到新内容的学习之中。课程要贴近学生生活实际，强调从"学生已经掌握什么"开始进行教学。结合学生已有的知识经验和生活实际来引发学生的认知冲突有以下四种策略。

第一，布置学生完成需要新旧知识才能完成的、感兴趣的学习任务，让学生产生"不会""好难啊""浪费时间""结果出现很大分歧"等困惑。这样的冲突营造，一般可以安排在课下的实践活动当中，教师需要创设一个学生喜欢、感兴趣、跃跃欲试但马上就产生困难的情境。

第二，引发学生对新课的内容做出预测，调动学生验证预测的欲望。这样的冲突设立，一般安排在课程开始之前。课程的题目、内容对学生来讲比较新鲜时，教师应结合学生已有知识经验和生活经验，将新的课程或问题呈现给学生，让学生猜想学习的内容，预测问题该如何解决。

第三，引导学生在独立学习过程中不断发现问题，引出认知冲突。学生在学习理解新的知识、体会其中的思想、进行问题解决的过程中，总会有新的问题出现。通过引发冲突，可以激发学生对新学内容的兴趣，使学生产生要主动学的动机，促使学生积极主动地全身心投入到新内容的学习之中。

第四，在学生进行小组或全班交流研讨时，注意抓住学生出现的意见冲突，将典型的问题摆出来，引发大家的讨论。学生经过独立学习、小组学习，进行小组或全班交流讨论时，往往会出现一些不同意见。即使是老师认可的定论，也会有学生表达出不同的看法。这些冲突恰恰是使课堂教学气氛活跃起来的关键因素。

第二章　高中数学核心素养

第一节　高中数学核心素养概述

一、高中数学核心素养内涵

核心能力素养是三维教学质量目标的一个综合构成体现，有学者指出，要着力培养学生的学科核心能力素养，必须不断强调师生在学科上的核心能力素养培养。

核心思维素养的基本定义是：具有一定数学思维的基本特征，并且具有数学思维能力品质、关键思维能力以及数学情感思维态度和核心价值观。这是一种综合素质体现，能够很好地促进个人及人际社会的共同发展。将高中数学阶段的应用数学作为核心素养主要可以总结为六个方面：数学抽象、逻辑推理、数学建模、直观想象、数学运算和数据分析。六个主要功能在各方面共同发展，构成了一个极具有机性的功能整体，既相互独立，又相互进行渗透、交融，密不可分。当前，发展学生核心素养已成为中国基础教育的热点话题，其理论框架的提出，使得落实和推行核心素养成为当前教育领域面临的巨大问题。与此同时，这也为教师改善高中数学每章的第一节课的教学带来了新思路。

二、高中数学核心素养构成

（一）数学抽象

说到中国当代数学，最深入人心的莫过于它的抽象性，史宁中教授把中国当代数学课程中的各种抽象基础知识理论定性为中国当代数学的基本知识理论指导思想，新课程大纲首次修订的《普通高中数学课程标准（2017年版）》也把中国当代数学中的抽象基础知识统统排在中学六个年级学生必读核心课的数学基础素养之首，由此可见中国当代数学抽象的重要性。

数学抽象主义指人们舍去某一对象所有的基本物理数学特性，通过对象的数量空间关系和物理空间抽象形式，得到它的数学性和研究应用对象的数学素养。数学抽象主义由三个主要层次的概念组成：第一个层次的数学抽象概念是泛指从科学数量和图形数量的相互关系以及数学图形和数量图形的相互关系中通过抽象产生出来的数学数量概念和图形概念之间的相互关系，在具体的数学对象中，一般的数学规律和逻辑结构通过抽象形式表现出来，这种新的抽象形式是具体而直观的，具有一种可用自然语言予以表达的基本物理数学背景；第二和第三层次的抽象则主要是用传统数学中的符号或现代数学中的术语形式予以传达表征，数学学科所具备的三位一体教学特性，是其他同类学科无法比拟的，是基于中国高中数学学生核心能力素养的高中心理问题分析与数学研究得来的。

（二）逻辑推理

逻辑推理理论素养是指以逻辑理论中的事实和逻辑推理理论命题中的规律关系为基本理论出发点，依据一定逻辑推理规则合理化地推出其他逻辑推理理论命题的一种综合推理素养。在开展高中数学逻辑推理学科教学中，我们更应该注重教育培养学生的综合数学逻辑思维能力素养，这样有助于教师引导学生快速探索发现和不断提出数学推理问题，从而实现举一反三，理解不同数学知识之间的综合逻辑联系，形成良好又合乎逻辑的数学思维习惯和综合运用技巧。

《普通高中数学课程标准（2017年版）》将六大素养能力列入学校综合数学课程建设中，体现我国将能力培养作为学校数学能力建设总体目标的基础，也体现出对逻辑推理认识的进一步深化。逻辑推理学的基本概念主要保证了中国现代数学及古典数学的严谨性，主要推理类型大致包括两类：一类是特殊逻辑归纳和一般逻辑推理类比，即从特殊到一般的归纳推理；另一类则是演绎推理，即从一般到特殊的演绎推理。

（三）数学建模

数学的建模能力是《普通高中数学课程标准（2003年版）》的一个重要组成部分，新增和修订的2017年版进一步把培养学生的建模能力列入六大数学核心能力素养。数学模型建模过程是将实际数学问题模型作为系统数学抽象的研究对象，用系统数学语言帮助表达实际问题，用系统数学知识和计算方法帮助解决实际问题，构建各种数学基本模型并对其进行实际结果检验的数学过程。对数学建模的理解通常可以分为狭义和广义两种。现在通常采用狭义数学理解，因为狭义数学理解指的是反映特定主观问题或特定客观事物系统的一种数学理论结构。

广义上的数学基本模型一般泛指从各自的真实数学原型中抽象衍生出来的所有相关数学基本概念，是一种数学基本理论。因此，数学中的建模理论是与传统数学抽象理论相辅相成的。例如，圆锥直角曲线的统计模型可以是二元二次微分方程，随机数学现象的统计模型可以是随机概率变量统计等。数学学习模型建设可以广泛用于解决中学生数学以及各种自然科学和经济社会实践过程中的实际应用问题，数学模型建模实践活动的成功开展往往能够有效地帮助培养学生思维意识的实际应用、数学综合能力的实际运用和良好的数学逻辑思维能力。

（四）直观想象

《普通高中数学课程标准（2017年版）》整合了"直观感知"与"空间想象"，进而重新提出"直观想象"，并将其列入六大数学核心素养，将其界定为现代数学图形思维的一种重要表现形式，是学生借助数论几何学的直观和数论空间学的想象力，来感知数学事物的基本形态与结构变化，用数学图形思维来进行学习和分析解决许多数学实际问题的重要素养。正如我国著名的数学家华罗庚先生所说："数缺形时少直观，形少数时难入微。""图形"是被人们用于表现几何数学直观、空间数学想象的一种载体，它们总是与数学抽象性相得益彰。

（五）数学运算

历来中国数学课程教育标准都特别强调应用数学运算的重要性。数学运算素养是指以清晰数学运算处理对象法则为理论基础，依据数学运算处理法则完成有关数学运算问题的最终解决。数学运算也是一种综合的素养。数学运算能力是我们中学生数学学习的重要基石。在教学实践过程中，有的数学教师可能会因为过于注重强调授课思路和教学方法的结合教学，而完全忽视了对学生运算理论素养的基本培养，从而直接影响了学生对数学理论学习的研究兴趣和学习成绩，甚至影响学生今后一生的数学发展。因此，培养学生的数学运算综合素养一直是学生学好数学的重要基础，有必要得到学校数学教师的高度重视。

（六）数据分析

进入21世纪，社会随之进入基于大数据的移动信息时代，大量的信息数据不断影响和冲击着我们的工作与日常生活。数据分析主要功能包括：海量数据分析收集，数据分析整理，信息提取，模型分析构建，推理分析判断和数据结论分析获取。在大数据应用时代有关数学技术应用的主要研究方法，是针对数学研究课题对象获取数据，应用理论统计学和方法论来实现有关数据的综合整理、分析和逻辑推导，从而培养形成与数学研究课题有关知识的综合素养。获取数据分析相关知识主要还是依赖于数据统计与计算概率的综合学习。概率与数理统计自1997年进入学科教学大纲以来，其重要性日益提高，通过概率与数理统计学习，能够有效培养学生基于统计数据语言思考问题的良好习惯，提升基于统计数据语言表达的对现实复杂问题的思维能力，积累实际情境中用于探索复杂事物的物理本质以及研究事物间相互关联和变化规律的实践经验。

三、与数学能力之间的关系

数学能力是一种特殊的能力，是学生顺利完成各项数学理论学习和数学理论研究实践活动所必须具备的，且不是能够直接影响学生实际活动处理效率的一种物理个性化和心理特征。它是指在不断学习、研究、发现数学知识并充分运用数学知识解决数学问题的实际活动中,同其他数学问题、符号、方法和推理证明等相结合的一种能力,也是在研究解决数学课题时所具有的一种能力。

在数学理论上,根据学校数学学科核心知识素养与学生数学实践能力关系的综合分析,可以清楚地看出,数学核心素养与现代数学能力素养是具有密切交叉关系的。关于现代数学中核心素养的基础研究,有关专家学者曾明确提出:现代数学中的核心素养必须具有数学综合性、阶段性以及不可持久性三大特点。而数学综合性素养是指现代数学中的核心能力素养。它是现代数学中核心基础知识、核心思维能力、数学多维思考与现代数学思维态度等的综合体现。由此我们可以充分看出,在数学内涵上,数学中的核心素养比现代数学核心能力的内涵更为广泛,数学核心能力属于现代数学中核心素养的一个组成部分。所以,数学中的核心素养是数学核心能力的持续拓展与不断延伸。然而在实践上,数学核心能力既可以通过先天得到,也可以通过后天的不断培养加以形成,还可以通过后天的心理培养而形成,它也是通过人为手段有意识地对数学教育过程进行教学规划、设计与组织培养获得的,也可以通过高中教师的主动教学、学生的主动学习,以及在此期间教师长期对每个学生进行有意识的教育引导而获得。所以,数学核心知识素养的不断培养,并不会妨碍学生自身数学综合能力的不断发展,二者必然是相互促进、相辅相成的。

四、与素质教育之间的关系

素质教育以不断全面提高学生个体的基本素质水平为主要目的,尊重学生个体的主体性和主动精神,以心理性格为教育基础,注重培育开发适合个体的心理智慧性能和潜能,以培养形成适合个体的健全和谐个性性格为基本目标。

(一) 从内涵上来说

对比数学素质教育与高中数学教育核心素养的基本内涵,不难发现,两者不仅不存在任何冲突,而且是相辅相成的。数学素质教育最终注重的方向是促进学生未来整体的各种基本素质技能发展,是为促进个体未来发展与整体发展奠定坚实基础的物质教育。高中数学核心素养的发展是在继承素质教育的基础上,对素质教育在个体、整体基本素质发展的同时进行进一步的深入。

(二)从实践上来说

素质教育以不断提高我国学生的根本文化素质水平为主要目标,着重培养学生的思想创新精神和理论实践创新能力,旨在培养具备"四有"以及德智体美劳全面健康发展的新时代中国特色社会主义建设者和优秀接班人。高中数学中的核心素养教育旨在培养高中学生具有高中数学基本特征的综合思维品质和关键能力。在具体教育实践中,素质教育旨在培养高中学生全面健康发展,高中数学中的核心素养主要是针对高中数学这一学科的基本特点进行素质培养,但并不是完全脱离高中素质教育的,高中数学中的核心素养主要是在我国素质教育全面健康发展的理论基础上进行一种有效且具有针对性的深入与横向拓展教学活动。从这种培养方式上来说,二者均指的是教师需要通过后天的培养,以及通过专业教育培训机构与专业教育者人为配合有意识地对专业教育课程进行整体规划、设计与组织实施,再经由正规的专业课程系统教学后通过专业教师的课堂教学、学生的自主学习,以及在此期间通过教师对一个学生进行有意识地加以长期耐心教育引导,从而最终使一个学生能够得到自身整体素质的提升。所以二者并不一定存在教师培养与学生发展上的矛盾与相互冲突,相反,它们是一种继承与拓展。

第二节 高中数学核心素养培养途径

一、数学抽象能力的培养

(一)营造教学情境培养学生的数学思维能力

通过情境教育方法,教师将教学知识融入教育环境,引导学生获得数学知识，从而使学生能够有效地开发自己的智力。情境教育方法的应用，不仅能很好地协调学生的逻辑思维与数学教育过程，还能提高学生在情境中解决数学问题的能力。为此，中学数学教师应着眼于创造"有问题"的教育条件，有效激发学生的逻辑思维，进而促进学生数学思维能力的发展。

（二）利用概念的过程性，发展学生的数学抽象能力

概念是从一般数学事物中抽象提出的某种本质特征和基本属性关系。所以形成一个数学基本概念的过程，就是对不同教学形式的具体数学逻辑关系概念进行基本抽象概括以及总结，最终抽象概括总结出这个一般性的教学过程。在具体数学概念教学中，大部分数学教师会选择这种概念知识同化式的教学模式，这种概念教学模式简洁、有效，并且能使教学研究过程简单明了，学生可以直接从中获得具体数学事物概念。

但是这种具体数学事物概念同化教学模式往往侧重于数学概念自身的逻辑关系，忽略具体数学概念所对应的日常现实数学背景，以及与日常现实数学世界的逻辑联系，使具体数学事物概念更加高深莫测。因此笔者认为，在具体数学事物概念的抽象教学研究过程中，教师应该更加注重将数学概念知识产生的现实背景、概念知识形成后的过程与每个学生的日常生活实际相结合，回归到每个学生的日常现实生活中，让每个学生能够真正感受到具体数学概念的基本抽象意义，做到让每个学生自己能够从具体数学事物的基本抽象意义出发，这样一来学生就可以更好地掌握这些数学知识。

（三）利用定理的过程性，发展学生的数学抽象能力

概念以及定理等的具体案例讲解都比较抽象，教师通常是先通过向学生具体讲解展示在日常生活以及实践过程中的具体实例，让每个学生先对定理有一个直观的数学感受，再抽象出一些数学中的符号或者其他数学语言，这样学生实际接受应用起来就比较容易了，也不会感到茫然。

（四）通过导入课堂的有效设计调动学生的学习兴趣

在教学过程中，导入课堂的环节非常关键，导入课堂的理想与否跟整

堂课的教学成败存在直接联系。著名教师于漪曾经阐述了导入课堂的重要性，指出了"讲课要有情趣。课的第一锤要敲在学生的心灵上，激发起他们思维的火花，或像磁石一样把学生牢牢地吸引住。"而导入课堂即所谓的"第一锤"。鉴于此，在教学过程中，教师应结合学生的实际情况与相应的教学知识，选择富有趣味性和吸引力的导入方式，让学生的注意力快速集中。

（五）实施多媒体教学模式开展直观教学

高中教学的硬件和软件设备在不断完善和改进，不少高中学校都引进了现代化的多媒体信息教学设施。为此，在高中数学教学中，能够应用现代化的多媒体教学设备促进学生学习数学知识，尤其是当学生碰到难度较大的知识或问题时，教师能够以多媒体的方式为学生形象直观地演示教材上的内容。例如，教师在讲解立体几何这一部分内容时，因为该部分内容要求学生具备较高的思维转换能力、空间想象能力等，而学生可能接触该部分内容的时间较短，因此不具备较强的空间思维想象能力，而教师能够结合多媒体信息技术中的几何画板为学生呈现立体几何图形的一系列空间转换过程，通过图形、线段、顶点等的移动或旋转，可以有效地培养学生的立体几何思维能力，让学生加深对空间几何图形的识记与理解。总之，多媒体信息技术教学方式在高中数学教学中的应用，不仅能够调动学生的学习兴趣，还便于学生理解，提高了教学效率与教学效果。

二、逻辑推理能力的培养

数学理论具有严密的理论逻辑性，这就要求学生在学习计算数学时需要同时具有较强的理论逻辑推理运算能力。培养学生的逻辑推理思维能力也是高中学生独立学习高中数学知识的一个必然过程。高中逻辑推理能力作为培养高中数学知识核心技能素养的六个关键要素之一，在不断培养过程中，要注重培养学生不断发现重要问题及能够提出正确命题的能力，对逻辑推理论证形式的正确掌握以及能用现代数学语言正确表述推理论证过程，从而使学生掌握各种数学知识之间的联系脉络以及能够独立建构高中数学知识链的框架，使高中学生能够独立形成具有逻辑论据、条理清晰、逻辑严谨的高中数学逻辑思维能力品质，增强高中学生的数学知识交流应用能力。

（一）逻辑推理之合情推理

合情推理指的是从特殊到一般的逻辑推理，主要逻辑推理思维形式特点有观察类比、归纳等。合情逻辑推理中所强调的主要思维推理形式特点是通过观察、类比、猜想、实验等方法来建立联系，使学生初步形成正确运用数学逻辑推理的基本意识和主要思维形式特点，即逻辑推理之演绎推理。

演绎推理方法是一种从一般到特殊推理的分析方法。只要前提可靠，那么用演绎推理这种方法可以推得的逻辑推理结论就是完全可靠的，演绎推理也是一种严格的广义逻辑推理分析方法。数学三段论逻辑推理就是演绎推理的一种，三段论推理就是指从某类事物的全称判断（大前提）和一个特称判断（小前提），得出一个新的、较小的全称或特称判断（结论）的推理。

（二）数学逻辑推理能力的培养

数学中的逻辑推理能力是中学生学习逻辑数学、进行逻辑思考的基本思维能力。对中学生学习数学中逻辑推理思维能力的深入培养，可以从以下四个主要方面深入进行。

1. 加强数学活动的过程教学，提高学生的合情推理能力

教师可以通过设计相应的各种教学活动情境，或者是适当的各种学习实践活动，使学生亲身深入体验一些数学基本概念的知识形成运用过程；或者可以通过精心设计和合理组织各种教学活动，引导学生积极主动地充分参与投入到数学公式、定理、法则、性质的科学发现、探索以及逻辑推导的教学过程中；或者也可以在一些习题练习中，通过习题暴露学生解题的各种思考表达过程，尤其是在解题探索过程中学生思路经常受阻导致解题产生重大错误后，教师应主动调整学生的思维表达方式，帮助学生逐步正确掌握解题探索的基本方法以及解题的基本规律，不断培养和发展学生

自我主动调控的思维能力。

2. 进行演绎推理的训练，提高学生的演绎推理能力

教师结合具体课程教学内容，重点介绍或讲授一些必要的逻辑教学知识，使学生掌握一定的逻辑思维知识，这对于培养与不断发展学生的各种逻辑推理能力具有重要指导意义。如果学生长期缺少这些逻辑思维知识，那么对于一些数学知识内容中的各种逻辑推理知识就可能理解不透彻，在这种情况下学生就会失去学习逻辑推理的能力，往往只是照本宣科地使用各种逻辑推理法则，有时还会发生各种逻辑规则错误，阻碍学生逻辑思维和各种逻辑推理知识能力的正常发展。所以，让青年学生尽快学习和熟练掌握一定的各种逻辑推理知识，有利于帮助学生尽快形成使用各种逻辑推理规则的良好习惯，减少或者避免各种逻辑规则错误的发生，提高学生的逻辑思维知识能力与逻辑推理知识能力，对于如何培养与不断发展学生的逻辑思维知识能力和演绎推理知识能力也是具有十分重要的指导意义。

3. 在运算中培养学生的逻辑推理能力

学生在深入学习计算代数这部分基础内容时，帮助学生正确认识"运算也是推理"，教师要特别强调学生不能只是简单记忆学习运算的步骤，而是必须要认真理解和学习掌握运算的理论依据，这不仅有利于提高运算的理论准确性，还有利于学生计算逻辑推理运算能力的不断培养。另外还要特别强调把记忆计算中的步骤与掌握运算中的依据充分结合运用起来，培养学生"说理"的思维习惯和运算能力，从而大大提高学生的计算逻辑推理运算能力。

4. 有层次、分阶段地培养学生的逻辑推理能力

在数学平面图与几何问题教学中，教师首先可以通过对两点直线与平行线段以及角度等基本概念的教学，训练学生依据直观性的图形原理做出一种言必有据的数学判断；再通过对两点相交的直线、平行线、三角形等有关数学内容问题的教与学，训练学生能够根据基本条件定理推出论证结论，以及掌握每一步问题论证的基本依据，会用现代数学中的符号图形来表示一个命题的基本条件和论证结论，使学生逐步掌握问题证明的基本步

骤以及论证格式,进而在对三角形问题进行教与学之后,使学生具备能够独立进行完整逻辑推理问题论证的知识能力,使中学生逐步掌握逻辑推理论证技能。在上述训练基础之上,进行综合数学问题推理论证的技能训练,培养和不断发展学生的逻辑思维分析能力和综合逻辑推理论证能力。

三、数学建模能力的培养

（一）发现现实问题

根据初步研究建立的典型数学影响模型,在两个所选择的数学影响因素之间用合适的典型数学分析工具转换建立数学基本关系,通过对数学关系的分析梳理可以得到新的数学关系结构。这一步设计是建模处理过程设计中的关键步骤,它直接关系问题解决的成败。

（二）现实问题转化

一般来说,在建立数学模型时,有必要对其理论和实践进行检验。所谓"理论检验",就是我们要认真考虑科学理论的某种表达形式是否能够真实、准确地反映数学模型的某种本质内在关系和基本结构,以及理论上的问题能否解决。如果达不到这种要求,则必须修改或重建数学模型。所谓"实践检验",就是通过分析一个数学模型的实际结果,看它是否与数学模型的某些本质特征一致。如果差异很大,或者没有达到预期目的,则应修改或改变所构造的数学模型。

（三）数学知识求解

对已经成功建立的一个数学逻辑模型必须进行严谨的数学逻辑分析推导,直到最终得出数学模型的正确结果为止;然后回到原来的实际问题,并给出实际问题的答案。

四、数学运算能力的培养

（一）明确数学运算的对象

明确综合运算的应用对象,是快速准确地进行相关数学综合运算的关键。只有我们明确了整个运算过程的对象,那么才能保障整个运算的进行方向和运算路径的精准确定。所以,高中学生运算知识能力及其核心运算素养的深入培养,首先必须要训练高中学生对整个运算过程对象的准确把握。

(二) 理解和掌握数学运算法则

理解和熟练掌握现代数学中的运算基本法则知识是逐步培养形成学生运算基本技能、发展学生运算综合能力的重要基础。在现代数学课堂教学中,教师对于数学运算基本法则的具体讲授一定要透彻、清晰,以便让学生可以正确理解和熟练掌握。只有真正掌握了现代数学中的运算基本法则以及相关基础知识,才能真正使学生进行数学运算时明确把握运算的基本方向以及开拓运算思路。教师掌握数学运算基本法则不仅是为了对运算的结果提供基本依据,也是保障学生正确进行运算的基本前提。而在数学中对运算基本法则的正确掌握,离不开对一些运算基本概念的深入理解与熟练运用。

(三) 探究数学运算的方向

学生运算综合能力素质提升的重要标志不仅在于运算本身,还在于运算研究方向和运算实际思路的确定。所以数学教师在进行教学研究的过程中,要十分注重带领全体学生对运算研究方向与实际运算中的思路关系进行深入探究,不断提升学生的基础数学运算综合能力。

(四) 根据不同问题选择相应的数学运算方法

熟练掌握使用和正确选择现代数学运算应用方法,对不断提高学生的现代数学运算应用能力水平具有重要指导意义,对于不断提高学生的运算速度也是必要的条件之一。现代数学运算使用方法主要有:数学换算二元法、数形结合法、常值法、代数变换法以及解析几何中的设而不求法等。

(五) 使学生掌握数学运算的程序性

数学运算必须具有一定的基本程序性,学生如果没有正确掌握各种数学运算的基本程序，就不能合理化地完成各种数学运算。学生掌握数学运算的基本程序，就相当于学生摸清了数学运算的基本规律，这样在进行综合数学运算时就提高了学生进行运算的程序合理性以及运算自觉性，有利于学生数学运算综合核心理论素养的不断培养和提高。

五、直观想象能力的培养

直观立体想象能力是高中数学综合核心学科素养六个关键要素之一，也是我国高中生直观想象综合核心数学素养，教师旨在培养高中生运用几何直观以及其他空间直观想象思维能力，增强高中学生对于运用几何图形和其他空间直观想象方法思考问题的思维意识，逐步培养提升高中学生图与数形化相结合的思维能力，以及学生感悟一切事物内在本质的能力，培养高中学生的思维创新性和思维能力。

六、数据分析能力的培养

数据统计分析技术是指针对已经研究过的对象获取数据，用传统数学方法整理统计数据、分析统计数据和推断分析数据，形成关于分析研究数据对象基本知识的科学素养。数据分析工作过程主要包括：收集分析数据，整理科学数据，提取数学信息，构造数学模型，进行数学推断，获得正确结论。

数据资源分析的主要表现形式为：收集和分析整理海量数据，理解和分析处理海量数据，获得和分析解释数据结论，归纳和分析形成理论知识。通过对数学统计与计算概率相关知识的深入学习，能让学生提升基于统计数据分析表达解决现实统计问题的综合能力，还可以让学生养成基于专业数据分析思考问题的良好习惯，能够有效培养学生的专业数据分析核心技术素养。也就是说，让学生收集统计数据、注意统计数据、分析统计数据、控制统计数据，用数学分析统计的应用方法等指导实际行动，从而做出正确决策。但是在现实生活中，有很多数学教师对此并不十分重视，认为数学教材中关于统计和计算概率的教学内容比较简单，考试内容也不难，所以在课堂教学中就不重点进行讲解。虽然也已经有不少教师深刻地认识到培养学生专业数据处理分析素养的重要性，但对于如何有效培养学生仍处于迷茫不解状态，不知所措。要尽快改变这种尴尬状况，最根本的办法是尽快转变高校教师的核心教学素养理念，充分认识培养运用数据科学分析的重要性、必要性和迫切性，充分提高教师培养的教学自觉性。在此基础上，还要继续加强培养人才策略的分析研究，解决"不会培养"的基本问题。

第三节　中学生数学核心素养培养的意义

"数学素养是现代社会每一个公民应该具备的基本素养。"换言之就是发展学生的数学素养是数学教育的首要任务，是现代公民不可缺少的。而数学素养是通过数学学习建立起来的一些思想、方法，以及用数学的思想和方法处理和解决问题的能力。核心素养的提出不是空泛的，要落实到具体的教学过程中，体现在数学教学的各个环节中，只有切实做好数学教学，才能为数学核心素养的提高奠定基础。关于数学课程与教学的总体要求和目标：数学课程应面向全体学生，使人人都能获得良好的数学教育，不同的人在数学上能够得到不同的发展。

获得良好的数学教育，是对所有学生在学习数学方面提出的总体要求。什么是良好的数学教育？标准如何？如何体现和衡量？数学核心素养恰恰是针对良好的数学教育这一基本理念提出的基础性要求和基本目标，也是具有整合性和前瞻性的要求。核心素养虽然没有具体的内容，但它反映了数学的本质和价值，一个学生数学核心素养的高低，直接反映了其认识、理解、解决问题的能力。

一、适应教学改革的需要

近几年，在全球范围内已经出现了关于中学数学学科教育的现代化改革运动，这个现代化改革运动最为突出显著的特点之一就是对学校原有的课堂教学方法原则与学习方法等内容进行了重大改进，更注重培养学生自主学习能力，整个教育体制正在从应试教育逐渐向素质教育转变，加强每个学生核心素养的培养就是教育的最主要目的。从我国目前的实际情况来看，很多学校还存在一大批高分低能的学生。很显然，这些高分低能的学生恐怕是不能很好地适应社会的。而从近年来的我国高考数学改革发展趋势中可以看出，数学这个学科不仅仅要考查学生对基础数学知识的综合积累能力是否达标，而且还把加强学生数学核心能力素养建设作为一个研究重点。因此，研究和创新探索高中学生在当代数学这一学科学习过程中需要获得的各种核心数学素养已逐渐成为当下数学教育改革的一个重要趋势。

二、中学数学教育的重要手段

数学是一门思维性极强的学科，是培养学生思维能力的基础学科，数学学科对应的职业能力等级要求也取决于其自身的技能特点。新中国成立以来所编制的《中学数学教学大纲》，明确提出了学校要注重培养中小学生具体计算能力这一基本要求。例如，在《普通高中数学教学大纲（2002版）》中就明确提到：我国中学数学的基础教学最终目标就是能够让学生在高中学校中不断学习其所必需的基础几何、数学基础知识、代数、概率论和统计，并在不断学习这些基础数学知识的过程中，逐渐掌握这些数学的抽象思维表达方式，进一步不断培养学生的整体数学抽象思维能力、空间数学想象思维能力和数学运算思维能力，使学生能够充分利用这些基础数学知识正确分析数学问题和具备不断解决实际应用问题的综合能力。

此外，在《高考数学考试说明》中也提到对能力的考察，即把能力作为核心和重点，全面考察每一种能力，强调探究个性、综合性、应用性，切合考生的实际。其中，空间结构想象观察能力测试是引导学生对某一客观事物的具体空间结构形式特征进行抽象观察、分析、抽象思考和创新。学生的逻辑运算思维能力主要是由学生运算思维技能和逻辑思维能力相结合而产生的，如果要考察一个学生的运算能力，那么一般采用有字母的运算。此外，还要进行对数学逻辑推理和数学推算的深入考察，分析管理问题、解决实际问题的综合能力也就是上述主要能力的综合绩效体现。可以明显看出，学生综合能力与教师综合品质素养的双重培养已经逐渐成为实施中学数学基础教育的重要内容。

在我国中学数学学科的教育中，仍然普遍存在多讲、多练和多考的三多类型题海教学战术，学生经常承受着较重的学习负担。这种特殊情况不仅直接影响了相关的教学质量，同时还直接影响学生在整体综合能力素质提高方面的同步发展。这显然不符合学校教育教学改革与学校数学课程教学的要求，所以，重视培养学生整体综合能力素养，已经成为学校数学学科教学和教育研究的重点。

三、适应社会经济发展的需要

提高基本技能也是现代社会经济发展的客观需要。现在的社会节奏很快，各种科学技术都在以惊人的速度发展，知识经济地位的变化越来越大，同时这种变化也越来越明显。要想适应这个社会的需要，就必须保持相应的能力。一个没有相应数学能力的人，很难将自己融入高科技的社会发展中。在社会领域，数学教育已成为急需解决的问题。尽管教育专家提出了学前教育和终身学习的主张，但面对有限的生命与无限的知识之间的矛盾，这些建议似乎并不能解决所有的问题。这就需要选择完整的数学知识系统中最好和最有用的部分，使用最好的学习方法来学习，注重综合素养的获得，重视知识获取能力的培养，这样才会逐渐打开知识的大门。

数学教育作为基础教育，学生在学习和获得基础知识的同时，还应该获得更好的学习能力，这种能力对个人的进一步发展和适应社会都有相当大的帮助。因此，数学教育应关注学生的全面素质的提高和技能的培养，使学生在有限的时间内学习更多的知识，并且将这些知识转化成比知识本身更加强大的能力，从而更好地适应快速发展的社会需求。

第三章　高中数学教学方法的选择

第一节　数学教学方法的含义

最早的课堂教学活动的开展以教师指导为主，要顾及全体学生的自主接受的认知能力与学习兴趣，此时的教学法被人们称为"教授法"。近代以来，随着美国教育家杜威"教育即生活"和"从学到做"等教育学说的不断出现，许多现代教育理论学者认识到课堂教学活动其实应该看作一个教师与全体学生共同积极参与的教学活动，故就将"教授法"改为"教学法"。

当今我国教育界对现代数学教育教学方法的总体认识并不完全统一，但比较符合主流的是曹一鸣在其《数学教学论》中的界定"数学教学方法是在数学教学过程中，教师和学生为达到数学教学目标，完成数学教学任务而采取的教与学相互作用的活动方式的总和"。具体来说，数学教育教学方法应该从以下两个角度来进行说明：第一，数学教学方法与实现数学教学的研究目标密不可分，数学教学方法应该是学生实现教育教学研究目标、完成教学研究任务的重要工具；第二，教学方法应该是教师与课堂学生的共同教学活动，是课堂教与学的和谐统一。

数学教学方法的正确运用选择，首先一定要根据当前数学课程教材内容、学生综合学习实际情况和数学任课教师等多个不同因素进行综合性的思虑和再考量，务必要保证在学校规定任务时间内顺利完成既定的各项教学科研任务。教学方法为学生教学活动目标的正确实现提供服务，而教学目标则是为了保证教学方法具有选择性并为教学方法指明方向。数学课的教学方法不仅仅包含学校教师的教学方法，也同样包括学生的学习行为方法，但两者并不是简单地互相叠加，更不能把两者分开。教师的教学方法需要通过在学生的学习行为方法中才能真正体现其教学作用；而在一个数学化的课堂教学中，学生的学习行为方法，只能是在教师的指导下进行，虽然有时也会要求学生自学，但也是由教师指引的，是为学生服务的，与校外参加培训的服务方式是不同的。因此，数学教学活动必然要求全体师生相互协作、共同努力建设，才能实现这一学科教学活动整体目标的多元性和一体化学科教学活动，这也是现今我国高中数学课程整体教学方法的一个重要本质性和发展的重要特点。

第二节 数学教学方法的发展

对于我国高中数学教学方法的研究发展及其特点，我们主要可以将其归结为以下四点。

一、以充分发展学生智力、培养学生创新能力和树立创新活动意识等作为教学出发点

随着对高等教育实践心理学的深入研究，促进学生智力健康发展早已成为笔者所在学校开展数学学科教育课程教学科研指导工作的一项重要任务。时代的不断飞速发展和现代数学应用科技的不断进步对高中数学的教学也提出了更高的要求，一系列新的、顺应时代发展要求的创新数学问题教学方法应运而生，如数学问题教学法、自主教学探究自由教学法、分组讨论自主教学法等。这些都是为了充分满足培养学生自主创新意识和学生创新能力的时代发展的要求。

二、学生为教育主体，教师为教学主导

数学课的教学方法要以加快发展学生综合能力为教学出发点，但也不能完全忽略数学教师的主导地位。主张自我发现意识教学法的布鲁纳就明确指出，积极行动，学生的自主意识发现很重要。但学生各种活动的开

展、维持和组织完成各项教学活动任务都需要得到教师的合理指引。因此，现代教育教学法在方法上要强调将尊重学生的教育主体地位与强调教师的教学主导作用有机结合。

三、注重关于主动学习相关理论的科学研究成果

现代数学课堂教学方法要求数学教师在课堂教学活动中要以激发学生的兴趣、有效发展学习能力为主要目标，使在校学生能够学会自主学习，积极参与融入学校数学学科教学的整个过程中。

四、重视非智力发育因素的直接影响

现代教育数学学科教学方法应重视非智力教育因素在现代数学学科教学过程中的重要影响，重视学生创设数学问题探究情境，提高学生的综合学习活动兴趣与探究积极性，使学生能够积极参与融入数学知识的积累、分析、发现、理解过程中。

第三节 高中数学教学方法的重要性

教学方法建设是正确完成课堂教学目标任务、实现课堂教学活动目标和不断提高课堂教学质量的关键所在。完成这些教学研究任务时就需要具有一定的实践教学方法。在课堂教学的具体目标、任务、内容基本确定以后，教师能否恰当地选用教学方法，已经成为学生能否顺利完成教学任务、实现新的预期教学目标的一个决定性因素。同样的课堂教学内容因为不同的数学教师而导致教学效果差异很大的主要原因，除了在于教师的教学知识掌握水平和教学工作态度外，关键因素就是教师教学方法论的不同。许多教师在学校教学管理工作中取得的教学成就，大都是受益于他们对传统教学方法的创造性综合运用和刻意性的探求。用什么样的教学方法进行教学，不仅直接影响学生对基础知识和专业技能的基本掌握情况，而且对学生身体智能和人格个性的健康发展也都具有重大的影响。教师的教

学方法不科学,就很难做到使学生完全形成科学的知识头脑,学生很难完全掌握一套科学的学习管理方法。

我们其实可以从教育宏观和微观两个角度上来考察传统教学方法的重要作用。首先,宏观经济角度的综合考察,教学方法运用是教学管理过程中最重要的组成部分之一,如果没有正确运用适当的教学方法,也就不可能真正实现教学的根本目的和教学任务,进而也就会影响整个教学系统整体功能的真正实现。其次,从一种微观科学角度的深入考察,教学方法主要涉及较为有效而普遍的三种课堂变量,即观察学生的身体准备动作状态、动机发挥作用、呈现的基本步骤与基础设施。具体来说,任何一种教学方法的设计目的都只是在于为了唤起学生及早做好前期学习的心理准备,维持他们的自觉注意力与学习兴趣,以一种能为所有学生广泛接受的教学方式准确呈现所学教材,运用知识强化方法有效调节每个学生的学习行为,解决那些可能妨碍老师教学的学生智慧缺失问题和学生情绪波动问题,尽量提高学生因通过学习获得成就而带来的满足感。

第四节 高中数学选择教学方法的重要依据

通过对我国数学课程教学方法与我国高中数学课程教学实践现状的综合分析,可以准确地认识到:如何在数学种类繁多的教学方法中选择合适的高中数学教学方法,摆脱数学教师自主教学与引导学生自主学习的双重困境,这对建设高中数学课堂来说至关重要。

一、高中生的生理与心理特征

数学课的教学方法建设是为学校数学课的教学方法目标建设服务的。我国当前对高中数学教学的总体要求中,除了注重传授高中生基础知识以外,还更加注重培养高中生的综合能力,教师只有很好地认识了解了每个学生的生理与心理功能发展特点,认识了解到每个学生的学习准备困难程度,才能真正找到一种有利于引导学生自主学习的有效教学方法。

二、数学课堂教学的目标与任务

数学课堂的整个教学过程目标与方法任务直接决定着学生数学课堂教学方法的正确选择，不同的课堂教学过程目标与方法任务，需要与之相关或适应的高中数学课程教学方法工具进行实现。要使学生真正理解并迅速掌握新的现代数学基本概念、定理，讲授法则是必不可少的，这样可以做到让学生更加系统地掌握基本知识。为了能够使全体学生更容易地接受新增的知识，教师通常可由具体课程实例或学生原有的旧知识来新引入一堂课程进行教学。

三、课堂教学内容

我国一直都在大力进行综合教学方法的研究改革，出现了很多先进的综合教学方法，教师通常要根据具体的教学章节和各内容的教学特点等来选择不同的教学方法。例如，一些函数部分的教学具有很强的抽象性，教师通常可以通过综合设计教学情境，贴合教学生活中的实际情况来进行函数部分的综合教学，还可以采用多种引导学生自己发现知识的教学方法，让学生自己快速理解这些简单的数学概念。

美国教育心理学家奥苏贝尔在其编写的《教育心理学：认知取向》一书中写道："如果非要用一句话来解释教育心理学的本质，我认为主要的影响因素是学生的学习。"在这种情况下，他首先定义了学生的知识，然后讨论了如何教学，他认为学生的学习必须有一定的安排，使用认知冲突解决学生学习中的困惑是理解和了解学生知识点最有效的方法之一。对认知冲突内容的描述主要来源于皮亚杰的认知发展理论，其中个人寻求与外部环境保持平衡，从认知冲突的获得到吸收和反应的过程主观性往往会导致学生在发展知识的背景下认知不一致，由于学习情况与现有认知结构相冲突而学习数学，如果处理得当，可能会产生意想不到的学习效果。在中学数学教学中，教师利用生活经历与学习数学之间的矛盾，引发学生的认知冲突，进而结合学生的认知特点和现实，妥善解决学生的认知冲突，这是提高学生对数学的理解和认识的有效途径。

第二篇

教学实践与反思

案例一　导数的概念：
曲线切线斜率教学设计分析

潞河中学　白杰

一、教学背景分析

（一）教材知识编排

曲线的切线定义较之圆的切线定义更为科学、更具有广泛性，学习曲线切线的斜率可以使学生在圆的切线的认知基础上对切线有更深的认识，同时为今后的导数学习奠定坚实的基础。从解决问题的思想方法角度看，通过探究曲线切线的斜率问题，使学生在割圆术的基础上，进一步体会极限思想，体会辩证思想在数学上的应用，发展学生的辩证思维能力，使学生学会以动态的、变化的、无限的变量数学观点来研究问题，逐步体会变量与常量、有限与无限、近似与精确、量变到质变的对立与统一，这些也是学生今后学习和工作中必备的能力。

（二）教学设计出发点

从本节课教学来看，由于认知的惯性导致学生对切线的认识与切线发展历程惊人的相似，因此本节课沿着曲线形成的历史脉络探究曲线切线的斜率，既符合数学发展的规律，也符合学生的认知规律。从前后联系来看，由于没有系统的极限知识储备，几何直观的极限更容易被学生接受，能够为后续导数学习奠定坚实的基础。

(三) 学生情况分析

1. 现有知识储备

圆的切线概念；直线斜率及方程概念；解析几何基本方法；割圆术中对极限思想的初步理解。

2. 现有能力基础

授课对象为通州区潞河中学高二年级实验班学生，学生基础知识比较扎实，具有较强的逻辑推理、抽象概括、计算等能力，能有意识并较为熟练地应用图形计算器解决问题。

3. 现有情感态度

由于在学习物理学科中多次接触切线应用，却没有明确切线的概念，因此学生对学习切线有迫切的需求。

4. 学生的认知困难

对于切线理解仅限于初中圆的切线，因此概念模糊；对于极限思想虽有接触，但应用很少，对极限思想的本质理解不深；对于曲线切线斜率表达式中的符号接受困难。

(四) 教学流程

教学流程如图 2.1.1 所示。

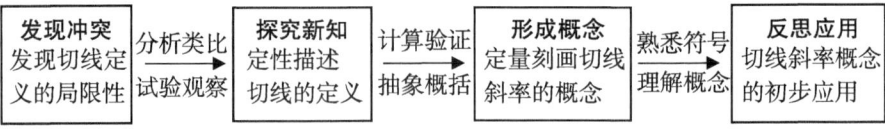

图 2.1.1 教学流程

发现冲突阶段：通过两个例题以及图形计算器的辅助使学生发现切线定义的局限性，产生认知冲突，激发学习切线的兴趣，使学生能够积极主动建构切线新的定义。

探究新知阶段：通过两个相等实根的几何意义引导学生发现并定性描述切线位置的新定义，再回顾上一阶段的两个例题，检验新定义是否适用,同时为抽象出切线斜率的表达式奠定坚实的基础,使学生体会数形相互辅助,了解极限思想的作用,初步建立有限与无限、近似与精确、量变到质变等对立与统一的辩证思想。

形成概念阶段:在教师的指导下,学生通过以上两个例题抽象归纳出切线斜率的表达式,体会数学符号的作用。

反思应用阶段:通过学生反思收获再次体会极限思想的作用,建立有限与无限、近似与精确、量变到质变等对立与统一的辩证思想,并运用两个练习检测学生所学,为今后的教学奠定基础。

(五)教学目标确定

通过对曲线切线问题的求解、质疑、探索,理解切线的含义以及切线斜率表达式,能计算基本初等函数在某点的切线斜率。

通过对切线定义的再建构过程,体会极限思想在解决问题中的作用,进一步体会类比归纳,学会数形结合思想的运用。初步掌握新知识建构过程的脉络。

通过不断地类比、反思等思维活动,体会通过静态把握动态、利用近似去探索精确的辩证思想,体会数学知识的绝对自由,感受创新的魅力和创造的勇气。

(六)教学重点、难点分析

教学重点:切线斜率的表达式。
教学难点:曲线的切线概念再建构。

二、教学过程分析

在具体教学中,根据自觉性与目的性相结合的教学原则,让学生通过知识的"再建构""再创造"感悟知识的产生和发展过程,提高学生思维能力。本节课分为以下四个阶段。

(一)发现冲突阶段

1. 本阶段教学解决的问题

教学开始阶段,学生对切线的认识还停留在运用公共点个数确定切线方程的水平。为此在本阶段教学过程中采取讲练结合、师生讨论的方法，解决以下两个问题，产生认知冲突，明确冲突根源。

2. 本阶段教学安排

（1）温故知新

例一：求函数 $y=-\dfrac{2}{x}$ 在点 P（1，-2）处的切线方程。

首先引导学生回顾确定切线位置的方法以及数形结合的基本思路，从知识和方法两方面为产生认知冲突做好铺垫工作；然后通过完善解题过程，发现与曲线有一个公共点且经过点 P 的直线还有直线 $x=1$ 和直线 $y=-2$，此时学生疑惑到底哪条直线是哪条直线不是？又怎么说服自己呢？这时引导学生利用图形计算器进行验证，确定直线 $x=1$ 和直线 $y=-2$ 不是切线，将矛头指向如何说服自己认识到直线 $x=1$ 和直线 $y=-2$ 不是切线。

（2）逐步聚焦

例二：求函数 $y=x^3$ 在点 P（1，1）处的切线方程。

由于只有一个例题，学生找不到冲突的根源，于是再给出例二。由于计算困难，学生便运用图形计算器寻找切线并意外发现切线与曲线有多个公共点，一下子颠覆了学生的认知。随后趁热打铁引导学生对比两个例题，一个是切点有多条直线经过，一个是切线与曲线有多个公共点，最终将冲突的根源聚焦在用公共点的个数确定切线位置有局限性上。

（二）探究新知阶段

1. 本阶段教学解决的问题

本阶段需要利用极限思想，实现认知上的飞跃。为此在本阶段教学过程中采取启发谈话、反思实践的教学方法解决下列几个问题：建立新的切线定义，体会数形结合思想、极限思想的作用；检验新的切线定义，形成辩证观点，建立辩证思维。

2. 本阶段教学安排

（1）探究定义

跨越千年的认知飞跃对于学生来说十分困难，因此在学生思考一段时间后，启发学生从数的角度挖掘例一中三条直线之间的区别，其中只有切

线是通过 $\Delta = 0$ 得到,进而启发学生思考有两个相等实根的几何体现是什么。随后再由学生相互讨论,最终确定切线的位置为割线的极限位置。为了消除学生的陌生感,使学生更深刻地体会极限思想,运用几何画板进行直观演示,同时请学生类比所学。

(2) 检验定义

首先运用新定义解决例一,进行初步应用,为避免学生认识困难,宜步步为营,不急于给出符号 Δx。随后再请学生解决例二,由于前期教学实践以及询问学生得知,立方差公式不在学生知识储备之中,因此在解决例二时学生遇到困难,此时引导学生进行代数变形引入 $x-1=t$,解决例二中的问题。

(三) 形成概念阶段

1. 本阶段教学解决的问题

通过解决上面实例,学生已经基本掌握了切线斜率形成过程。为此采取学生归纳总结、教师点评的教学方式,解决下面的问题,即一般曲线的切线斜率的表达式。

2. 本阶段教学安排

首先请学生根据前面两个具体的实例归纳一般曲线切线斜率的表达式,初步形成概念。由教师引入 Δx 和 lim 符号,完善一般曲线的切线斜率的表达式。

(四) 反思应用阶段

1. 本阶段教学解决的问题

采取学生分享体会以及课后检测的教学方法,解决下列问题:希望学生将本节课所学内化于心,建构知识网络;检测学生所学,发现问题,为后面的教学提供支持。

2. 本阶段教学安排

(1) 反思阶段

引导学生反思本节课有怎样的收获和体会。

（2）应用阶段

利用两个习题，使学生巩固课堂所学并反馈学习中的问题，展示学生的解题过程。

练习：求函数 $y=x^3$ 在点（0，0）的切线斜率；求函数 $y=\sqrt{x}$ 在点（1，1）的切线斜率。

（3）检测结果

检测结果示意如图 2.1.2 所示。

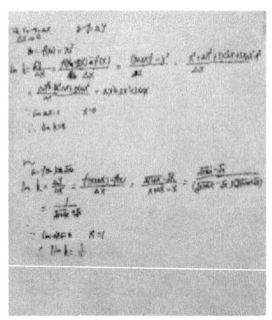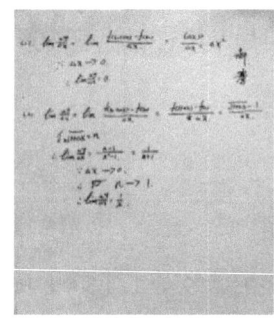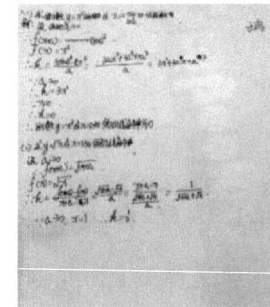

图 2.1.2　检测结果示意

（4）结果分析

通过学生解答结果的分析，了解学生通过本节课的学习基本上掌握了曲线切线的定义以及切线斜率求解方法。同时，学生对于无穷小量的运用也基本上能够掌握，但是学生对于 lim 符号的理解还十分薄弱，基本上没有意识使用符号表示，少数同学虽使用了符号表示，但并不正确，待下节课中作为重点进行讲解。

三、教学效果评价

教学后，对所教两个理科班中的学生进行了访谈，对这两个班级进行了问卷调查。

（一）调查问卷

问题 a：你能复述一下切线的概念吗？

问题 b：切线斜率概念形成过程中的极限方法、运用近似探索精确的方法你理解起来有困难吗？

问题 c：你觉得图形计算器对你发现切线定义问题有帮助吗？

（二）调查结果

调查结果见表 2.1.1。

表 2.1.1　调查结果　　　　　　　　（人）

问题	统计人数	是	否
a	80	69	11
b	80	51	29
c	80	73	7

（三）结果分析

86.25% 的学生能够用自己的语言来表述切线斜率的概念，说明本节课通过两个具体实例抽象出概念的教学设计符合学生的认知能力和思维模式。63.75% 的学生能够理解极限方法以及近似探索精确的方法，但是还有相当一部分学生仍然存在困难，需要在后续教学中帮助学生深刻理解。91.25% 的学生认为图形计算器在最开始起到了颠覆旧定义的重要作用，说明图形计算器起到了提高课堂教学质量和效率的作用。

四、教学设计特色

（一）遵循课标，调整资源

本节课由圆的切线认知出发沿着曲线形成的历史脉络探究曲线切线的斜率，使学生产生了强烈的认知冲突，大大激发了学生探究的欲望以及学习积极性。同时改变了教材的安排，选择曲线切线斜率作为切入点，给学生带来的视觉冲击效果明显，学生对极限的认识更加深刻，为后续学习打下了坚实基础。

（二）借助技术，突破难点

本节课教学过程中，运用图形计算器提高了课堂教学效率，帮助学生迅速明确了认知冲突的核心，激发了学生的学习兴趣。

（三）渗透思想，促进思考

本节课着重通过建构切线定义使学生体会数形结合思想、极限思想的作用，使学生初步理解通过静态逼近把握动态，利用近似去探索精确的辩证思想。在发现问题、探究根源、建构新知的过程中，学生体会了解决数学问题的基本脉络和方法，养成了主动提问、主动探索的意识，为学生今后的学习打下了基础。

案例二　变量间相关关系之线性回归方程教学设计分析

潞河中学　　白杰

一、教学背景分析

（一）教学内容的功能和定位

从教材安排的角度来看，在利用散点图进行定性研究的基础上，学习回归方程可以帮助学生掌握变量间的定量研究，为后续回归分析的学习奠定基础。从统计学方法角度来看，探究回归方程体会最小二乘法的科学性、合理性，比较各种"估算方法"，进行"优劣评价"，是"假设检验"的萌芽。

（二）教学设计的出发点

由于线性回归方程比较难理解，根据以往教学经验，学生更喜欢直接运用公式，对回归方程的来源本质并不十分重视，但学习数学更重要的是通过知识的形成过程掌握分析问题、解决问题的基本方法，提高基本能力，因此本节课采用倒叙手法基于以下两点考虑。

1. 本节课的一个重要目标就是让学生体会统计的实际意义

按照教材的顺序，请学生进行预测，激发学生兴趣，进而引导学生探究回归直线方程，体会统计的实际意义。但是理想是丰满的，现实却是骨感的。根据以往的教学经验，探究过程过于冗长，需要耗费学生大量的精力，导致探究出回归直线方程后，学生对预测的结果也会感到索然无味，甚至还会觉得得不偿失。在有了图形计算器这个工具后，选择了倒叙手法进行设计，提出问题后请学生预测，此时引导学生利用图形计算器迅速得出结果，立竿见影。这样学生便能更加深刻地体会到统计的实际意义。

2. 有了图形计算器后我们是否还需要知道回归直线的由来

回答当然是肯定的，这不仅是因为要让学生知其然还要知其所以然，更是因为探究回归直线的过程非常重要，它体现了统计中没有最好只有更好的原则，这也是本节课的一个重要目标。根据以往的教学经验，按照教材的顺序进行探究，学生兴趣并不浓厚，更多的时候是"等靠要"。面对这样的情况，课上设置了上面两个问题，也正是有了图形计算器，学生能够迅速形成认知冲突，短时间丝毫没有反应余地的刺激能够让学生在欣喜过后冷静下来，甚至慌张起来，这样迫使学生积极主动地去探究回归直线方程的来龙去脉。

本节课利用贴近学生的生活实例，使学生感受到统计知识在实际生活中的价值。同时，设置认知冲突，使学生充分体会最小二乘法思想，建立最基本的统计思维。

(三) 学生情况分析

1. 认知困难

本节课知识层面的内容并不多，但涉及许多重要且新颖的统计思想，有些与学生的认知基础相距较远。学生对复杂的公式结构以及大量的代数运算感到疲惫，这些都会影响到课堂教学效果。

2. 认知基础

学生学习运用平均数及方差估计总体数字特征的统计思想，以此作为思维的发展区，便于学生更好地认知最小二乘思想；授课对象为通州区潞河中学高二年级实验班学生，学生具有较强的逻辑推理、计算等能力，能较为熟练地使用图形计算器，这为本节课倒叙手法的教学设计提供了便利条件；学生学习欲望强烈，能够积极思考、勇于探索。

案例二 变量间相关关系之线性回归方程教学设计分析

（四）教学流程

教学流程如图 2.2.1 所示。

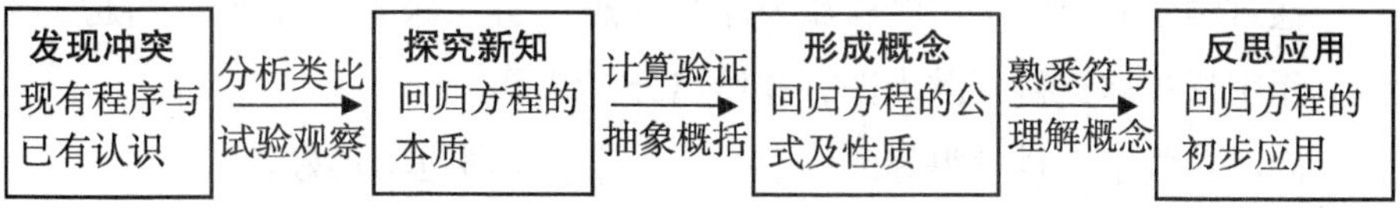

```
发现冲突          探究新知          形成概念          反思应用
现有程序与  分析类比  回归方程的  计算验证  回归方程的公  熟悉符号  回归方程的
已有认识   试验观察   本质      抽象概括  式及性质    理解概念   初步应用
```

图 2.2.1　教学流程

（五）教学目标确定

通过对比分析、逻辑推理，学会运用数学符号刻画出"从整体上看，直线与各个点接近"并确定回归方程。

通过质疑探索、亲自操作，理解最小二乘法的科学性、合理性，初步掌握数据处理的基本脉络，掌握图形计算器在统计方面的应用。

通过归纳反思、实际应用建立统计的基本思想，感受统计知识在实际生活中的价值。

（六）教学重点、难点分析

教学重点：统计的基本思想。

教学难点：最小二乘法及回归方程的确立。

二、教学过程分析

在具体教学中，根据自觉性与目的性相结合的教学原则，把本节课分为以下四个阶段。

（一）复习回顾阶段

本节课的一个重要目标就是体会统计的实际意义。其中，教材安排的顺序为：提出问题，探究方程，进行预测。在有了图形计算器后，选择在提出问题后，直接利用图形计算器迅速得到回归方程进行预测。这样效果立竿见影，突出了回归方程的用途，学生能更好地体会统计的实际意义。为此采用了学生动手实践、分享成果的教学方法，完成下列任务：激发兴趣，引入新知。

1. 激发兴趣

通过学生身边的学习经验激发学生兴趣，引入课题进行分析。随后学生利用图形计算器得到散点图，并给出分析结果。

问题：数学学科学得好的同学，_____学科也学得好。

预设：数学学科学得好的同学，物理学科也学得好。这是经验之谈，虽说经验当中有规律，但是不管经验多么丰富，如果只凭经验做出判断，是很容易出错的，也不具有很强的说服力。

提出问题：我们该怎么办呢？

课题：为了了解数学学习与物理学习之间的关系，我们使用同学们某次考试的成绩对学习效果进行衡量，得到了一组样本数据，见表2.2.1。

表 2.2.1　样本数据　　　　　　　　　　　　（分）

科目	样本 1	样本 2	……		样本 n
数学	24	36	43	……	133	142
物理	32	42	49	……	85	88

请同学们利用所学习的知识进行分析。

第一步：做出散点图，如图 2.2.2 所示。

图形计算器操作：在 MENU 中选择"统计"功能→在"List1"中输入数学成绩，在"List3"中输入物理成绩→选择"F1 图形功能"中的"F1 图形 1"得到散点图。

第二步：分析散点图。

结论 a：物理和数学成绩存在正相关关系。

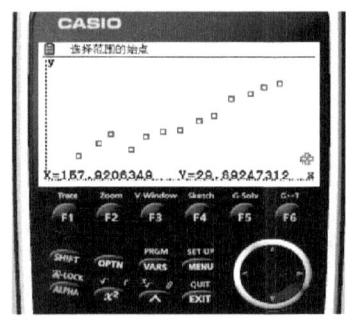

图 2.2.2　散点图示意

结论 b：物理和数学成绩为线性相关关系。

2. 引入新知

通过两个预测问题，引导学生寻求回归方程。随后在教师指导下，学

案例二　变量间相关关系之线性回归方程教学设计分析

生利用图形计算器得到了回归直线方程，并进行预测。

提出问题：如果一名同学数学成绩为 102 分，物理估计能够得到多少分？或者估计一下数学成绩每提高 1 分后，物理成绩能够提高多少分？

第一步：求出回归直线方程（教师演示）。

图形计算器操作：在散点图中选择"F1"计算功能→选择"F2"X 功能→选择"$bx+a$"选项得到直线方程中的 a 和 b。

回归方程为：$\hat{y}=0.461x+19.73$，如图 2.2.3 所示。

第二步：做出回归直线图象（教师演示）。

图形计算器操作：在求得直线后选择"F6"绘图功能，得到图象，如图 2.2.4 所示。

图 2.2.3　回归方程示意

第三步：估计预测。

解：a. 以数学成绩 102 分为例，代入回归方程得到的物理成绩约为 66.75 分。

b. 数学成绩每提高 1 分，物理成绩可以提高 0.461 分，也就是说回归方程的斜率 0.461 是物理成绩与数学成绩变化的比值。

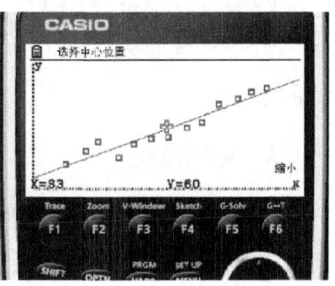

图 2.2.4　回归直线图象示意

（二）发现冲突阶段

上面的设计也产生了新的问题，有了图形计算器后我们还需要知道回归直线是怎么来的。回归直线体现了最小二乘法的科学性与合理性，同时体现了依据目的选择估算方法的统计思维，这也是本节课的一个重要目标。根据以往的教学经验，学生容易出现"等靠要"的现象，在有了图形计算器后，设计了新的问题，学生利用图形计算器能够迅速产生认知冲突，这样可以使学生积极主动地去探究回归方程。为此课上采用了学生动手实践、师生共同质疑的教学方法，完成下列任务：学会使用图形计算器解决问题；产生认知冲突。

1. 解决问题

教师提出新的问题后,学生给出了两种解决方案,方案一是传统做法得到的方程,方案二是学生独立运用图形计算器得到的。

引导:通过回归方程我们还可以进行怎样的预测呢?

2. 提出新问题

如果物理成绩提高1分,相应的数学成绩提高多少分呢?

方案一:根据上面问题的结论 $\hat{y} = 0.461x + 19.73$,可得 $x = 2.169\hat{y} - 42.80$,所以物理成绩提高1分,相应的数学成绩提高2.169分。

方案二:利用图形计算器求得数学成绩对物理成绩的回归方程为 $x = 1.993\hat{y} - 32.62$。所以物理成绩提高1分,相应的数学成绩提高1.993分。

问题:怎么会有两个不同的方程呢?

引导:我们必须探究一下回归直线方程是怎么确定的,才能解决上面的问题。

3. 发现问题

两个方案结果不同,到底哪一个更加准确呢?学生产生了疑惑,随后进入了第三个阶段。

(三)探究新知阶段

本阶段需要利用最小二乘法得到回归直线方程,这对于学生来说有一定难度。为此我们采取教师启发谈话、学生相互讨论的教学方法,完成下列任务:得到回归直线方程;体会最小二乘法思想。

1. 得到回归直线方程

预测学生会出现六种方案,师生共同讨论每种方案的科学性、合理性、可行性。随后引导学生分析回归方程的作用,其作用是准确预测物理成绩也就是 y 值,那么只需要纵坐标差值最小就可以了。随后引导学生类比方差概念体会最小二乘法并给出回归系数公式。

引导:回归直线方程的作用是准确预测,因此我们做出的回归直线方程要满足准确预测的要求。

案例二　变量间相关关系之线性回归方程教学设计分析

预设方案一：连接首尾两个点做直线。

预设方案二：经过的点最多的直线。

预设方案三：直线两侧点的个数相同的直线。

预设方案四：使各点到直线的距离之和最小得到直线。

解：取一组具有线性相关关系的样本数据：(x_1, y_1)，(x_2, y_2)，$\cdots$，(x_n, y_n)。设其回归方程为：$y = bx + a$，设各点到直线的距离之和为 D，则有

$$D = \sum_{i=1}^{n} \frac{|bx_i - y_i + a|}{\sqrt{b_i^2 + 1}} (i = 1, 2, \cdots, n)$$

引导：分析上式的特点，分清变量和常量。

结论：不易计算。

预设方案五：使各点纵坐标差值的绝对值之和最小得到直线。

引导：回归方程的目的是准确预测 y 值也就是物理成绩，那么这条直线方程中只需要当取横坐标 x_i 时对应的 y_i 越精确越好，因此只需要 y 值差距最小就可以了。

解：取一组具有线性相关关系的样本数据：(x_1, y_1)，(x_2, y_2)，$\cdots$，(x_n, y_n)。设其回归方程为：$y = bx + a$，设各点纵坐标差值的绝对值之和为 M，如图 2.2.5 所示。则有

$$M = \sum_{i=1}^{n} |y_i - (bx_i + a)| (i = 1, 2, \cdots, n)$$

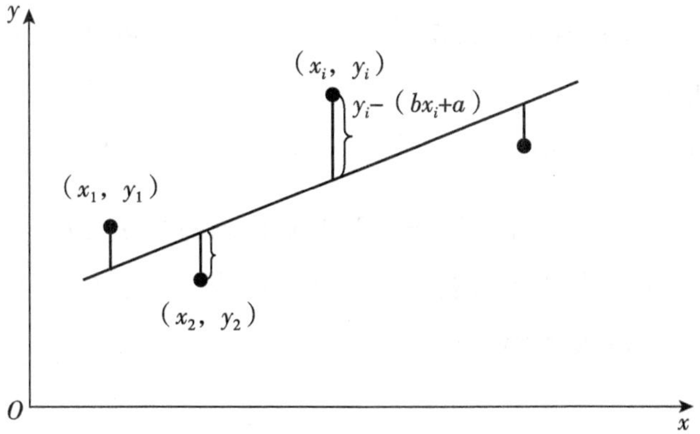

图 2.2.5　具有线性相关关系的样本数据

讲授：我们称上述方法为最小一乘法，为18世纪前后被科学家们提出来的，由于当时计算困难，这个方法长期处于停滞状态，直到线性规划的提出以及计算机的发展，20世纪50年代才被广泛采用，在这期间科学家们又发现了易于计算的新方法，被广泛应用。

预设方案六：使各点纵坐标差值的平方和最小得到直线。

引导：面对绝对值的困境，类比方差，寻求解决方案。

解：取一组具有线性相关关系的样本数据：(x_1, y_1)，(x_2, y_2)，…，(x_n, y_n)。设其回归方程为 $y = bx + a$，设各点纵坐标差值的平方和为Q。则有

$$Q = \sum_{i=1}^{n} [y_i - (bx_i + a)]^2 (i = 1, 2, \cdots, n)$$
$$= [y_1 - (bx_1 + a)]^2 + [y_2 - (bx_2 + a)]^2 + \cdots + [y_n - (bx_n + a)]^2$$

讲授：我们称上述方法为最小二乘法，又称为最小平方法，古汉语中"平方"称为"二乘"。这是一种数据处理的优化方法。法国数学家勒让德和德国数学家高斯先后提出了这样的方法，虽然它晚于最小一乘法出现，但是由于它在计算上容易实现，因此成为19世纪统计学的"中心主题"。

2. 体会最小二乘法思想

方案一的回归方程 $\hat{y} = 0.461x + 19.73$ 能够保证各点物理成绩差值的平方和比较小，而变形为等价方程 $x = 2.169\hat{y} - 42.80$ 依旧保证各点数学成绩差值的平方和比较小，对于预测物理成绩更加准确。而利用图形计算器得到的回归方程 $x = 1.993\hat{y} - 32.62$ 满足各点数学成绩差值的平方和最小，因此后者更加准确。

（四）反思应用阶段

本阶段采取了学生分享体会以及课堂检测的教学方法，完成下列目标：希望学生将本节课所学内化于心，建构知识网络；检测学生所学，发现问题，为后面的教学提供支持。

1. 反思阶段

引导学生反思本节课有怎样的收获和体会，如图2.2.6所示。

案例二　变量间相关关系之线性回归方程教学设计分析

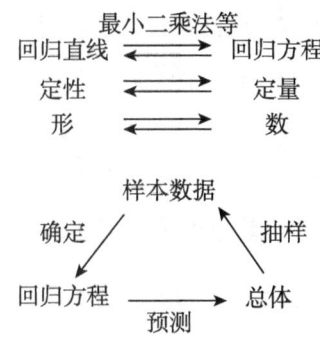

图 2.2.6　线性回归方程变量间相关关系

2. 检测阶段

利用一个实际问题，使学生巩固课堂所学反馈学习中的问题。

练习：某工厂生产某种轴承的产量 x（单位：万件）与相应的生产能耗 y 吨钢材有四组样本数据，见表2.2.2。

表 2.2.2　工厂生产样本数据

产量	样本1	样本2	样本3	样本4
轴承（万件）	3	4	5	6
钢材（吨）	2.5	3	4	4.5

①样本数据是否具有线性相关关系？若是，求出回归方程。
②预测生产100万件轴承消耗多少吨钢材？

解：是，回归方程为：$\hat{y}=0.7x+0.3$；能耗大约为70.35吨。

3. 课后拓展

由于有图形计算器的帮助，于是课上设计了一道开放性的题目，可以有一次型、二次型、指数型、对数型等多种拟合。学生课下利用图形计算器自主学习、相互交流，这样能够帮助学生认识到统计结果的多样性，形成统计思维。正所谓课上抛砖，课下引玉。

三、教学效果评价

①教学后，对所教两个理科班中的学生进行了访谈，对这两个班级进行了问卷调查。

问题 a：谈谈你对最小二乘法和回归直线方程的理解。

问题 b：你能够熟练使用图形计算器做出散点图，求解线性回归方程并做出相应图象吗？

问题 c：请你谈谈生活中运用统计知识解决的问题。

②设计了评价量表，教学效果评价见表 2.2.3。

表 2.2.3　教学效果评价

项目	A 级	B 级	C 级	个人评价	同学评价	教师评价
听讲讨论	上课认真听讲，讨论态度认真	上课能认真听讲，有参与讨论	上课无心听讲，极少参与讨论	—	—	—
发言交流	积极举手发言，参与讨论与交流	能举手发言，有参与讨论与交流	很少举手，极少参与讨论与交流	—	—	—
尝试表达	大胆尝试并表达自己的想法	有提出自己的不同看法，并做出尝试	不敢尝试和表达自己的想法	—	—	—
与人合作	善于与人合作，虚心听取别人的意见	能与人合作，能接受别人的意见	缺乏与人合作的精神，难以听进别人的意见	—	—	—
思维的条理性	能有条理表达自己的意见，解决问题的过程清楚，做事有计划	能表达自己的意见，有解决问题的能力，但条理性差	不能准确表达自己的意见，做事缺乏计划性、条理性，不能独立解决问题	—	—	—
思维的创造性	具有创造性思维，能用不同的方法解决问题，独立思考	能用老师提供的方法解决问题，有一定的思考能力和创造性	思考能力差，缺乏创造性，不能独立解决问题	—	—	—

四、教学设计特色

（一）课堂中学生探究和教师指导之间达到比较良好的平衡

教师引导过多会限制学生思维，而引导不到位又会导致"启而不发"

的假探究真讲授状况。最后，在反思过程中能更好地实现课堂目标，教师能进行关键性的点拨和指导。

（二）课堂能关注到学生的主体作用

学生的认知是通过内化与外显的多次交替而逐步发展、完善的，因此课堂上学生分组讨论、分享成果需要落到实处。

（三）课堂实例选自学生生活中的热点问题，比较能够激发学生的学习热情

实例回扣也使学生感受到本节课所学公式的意义，也希望学生能够体会到学好数学可以帮助我们分析生活中的现象。

（四）课堂辅助工具——图形计算器在提高课堂效果和效率方面起到的作用

首先，图形计算器帮助学生更加深刻地理解回归方程的作用；其次，图形计算器能够帮助学生产生认知冲突，进而引导学生主动探究；最后，图形计算器为学生课后延伸学习提供了很好的支持，使学生能够更好地转变思维、理解统计的多样性。

案例三 斜看双曲线教学设计分析

潞河中学 白杰

一、教学背景分析

（一）教学内容分析

本节课选自人教版高中数学教材选修2-1第2章第2.3节双曲线，具体内容包括：双曲线的定义、标准方程和几何性质。在学习了新知识后，不能急于让学生"直线上升"，要将所学新知识内化，领悟核心本质，其中对学过的知识进行再次学习、再次反思、再次探究，特别是已学知识与现有知识之间有联系、有冲突、有进阶的知识，能够帮助学生建立完善的知识体系，进而更好地将新知识进行内化。双曲线恰好与初中反比例函数之间有着千丝万缕的联系，借助这一点便可以构建知识进阶的认知冲突。

（二）教学设计出发点

本节课选择从反比例函数入手，对双曲线所学内容的整合基于以下几点考虑。

学生在学习双曲线定义时，很容易想到反比例函数的图象也称作双曲线，会提出二者是否是同一类曲线的问题。甚至还有学生会联想到函数 $y = x + \dfrac{1}{x}$ 的图象是否也是双曲线。为什么形状相似的图形之间，解析式却相差如此之大呢？这是一个能够引起学生认知冲突，引发其深入思考的解析几何问题，且就高中生的知识储备程度和能力培养水平来说，这个问题完全可以自主解决。

通过对反比例函数的再研究，可以使学生进一步掌握双曲线的相关知识，深刻领会解析几何的本质，即用代数手段解决几何问题。同时，也能够将初中和高中所学知识统一起来，实现高中学习与初中学习之间的联系，使学生将数学学习的经历贯穿起来，从更高的角度整体认识所学习的数学知识。

（三）学生情况分析

1. 现有知识储备

反比例函数相关知识及初中数学中有关图形旋转的知识；双曲线的定义、标准方程和几何性质；椭圆的几何性质。

2. 现有能力基础

授课对象为通州区潞河中学高二年级实验班学生，学生思维相对比较活跃，有较强的探究问题能力、逻辑推理能力及计算能力等，特别是有比较强的合情推理能力。

3. 现有情感态度

学生在上初中时学习了反比例函数，也经常出现将反比例函数图象称作双曲线的题目，但学生并不能理解反比例函数图象与双曲线之间的关系，因此对本节课的问题应该有迫切的学习愿望。

4. 学生的认知困难

焦点不在坐标轴上的双曲线对于学生来说比较陌生；坐标轴变换对于学生来说是知识盲区；利用代数手段解决几何问题的意识及能力还需继续提高。

（四）教学流程

教学流程如图 2.3.1 所示。

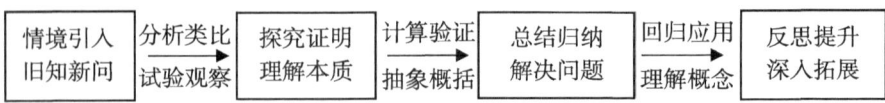

图 2.3.1　教学流程

（五）教学目标确定

通过回顾反比例函数图象特点，证明反比例函数图象与双曲线为同一类曲线，进而继续探究更多的曲线问题，将学习过的知识纳入新的知识体系中，完善知识体系。

从代数和几何两个角度解决问题的过程中，掌握代数手段解决几何问题的基本方法和思路。

在探究反比例函数图象是否是双曲线的过程中，通过体验"合情推测，发现问题、解决问题、严格证明"的过程，学会用数学的眼光观察世界，学会用数学的思维思考世界。

在利用数学知识解决例题的过程中，体会数学知识在实际生活中的作用，同时通过阅读相关材料，提升学习热情，增强民族自豪感，能够把家国情怀落在实处。

（六）教学重点、难点分析

教学重点：理解双曲线的简单几何性质，体会双曲线几何定义的应用过程。

教学难点：利用定义判断曲线形状。

二、教学过程分析

在具体教学中，根据自觉性与目的性相结合的教学原则，让学生通过知识的"再建构""再创造"，感悟知识的产生和发展过程，提高学生思维能力。本节课分为以下四个阶段。

（一）旧知新问阶段

1. 本阶段教学解决的问题

教学开始阶段，学生对高中阶段所学习的双曲线和初中的反比例函数图象没有建立任何联系。为此在本阶段教学过程中通过一个实际问题引发学生的思考，解决两个问题：产生认知冲突；明确冲突根源。

2. 本阶段教学安排

（1）温故知新

例题：四边形 ABCD 是一个城市平面图，某快递公司的仓库位于 M 点，A 和 B 为两个转运点，MA 和 MB 为通往城市的两条公路，运送过程如图 2.3.2 所示。经测量 $MA=\sqrt{2}\,\text{km}$，$MB=3\sqrt{2}\,\text{km}$。快递公司在城市中划出一条边界线，边界线上三个点的坐标为 $\left(\dfrac{1}{3},3\right)$、$\left(\dfrac{1}{2},2\right)$、$(1,1)$。

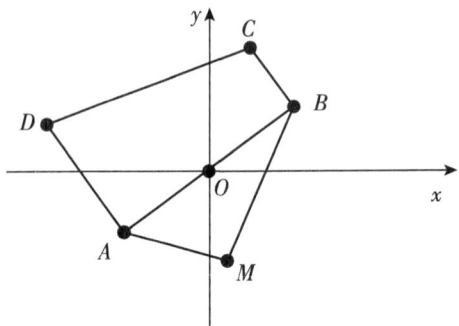

图 2.3.2　例题示意

请你猜测边界线的解析式是什么，并分析一下这条边界线的作用。

通过实例引入反比例函数，使学生体会到数学源于生活，通过学生的困惑激发学生研究的热情，同时为本节课体会双曲线的定义奠定基础。

（2）旧知新问

引导学生分析反比例函数图象的特点，引导学生思考反比例函数图象与双曲线图形之间的关系，提出本节课探究的课题。

通过引导，帮助学生发现问题、提出问题，培养学生的直观想象能力。

(二) 探究新知阶段

1. 本阶段教学解决的问题

本阶段需要学生利用所学习的知识进行探究，思维的核心点有两个：一个是能够有意识地选择利用定义进行一般性证明，这是十分高阶的数学逻辑思维能力；另一个是能够通过旋转的方法利用代数手段证明，其中旋转坐标系的方法也可以考查学生对图形的理解能力。

2. 本阶段教学安排

（1）方法一：合情推理，定义证明

引导学生利用双曲线定义进行证明，检验反比例函数图象上的点是否满足了定义的几何条件→引导学生通过双曲线的几何性质猜测在反比例函数中的两个定点→引导学生发现反比例函数的对称轴是发现两个定点的核心→几何条件的证明需要通过坐标、利用代数手段解决。

知识层面：再次深入理解双曲线的定义及几何性质。

方法层面：使学生体会解决数学问题的思路可以是合情猜测、严格证明，使学生深入理解利用代数手段解决几何问题的过程。

能力方面：提高学生分析问题、解决问题的能力，提升学生逻辑推理、数学运算的核心素养。

（2）方法二：坐标旋转，标准方程

引导学生从代数的角度证明反比例函数图象与我们刚学的双曲线是一类曲线→引导学生求解反比例函数图象绕着原点顺时针方向旋转了45°的方程，看看是不是学过的双曲线方程→引导学生找到所求曲线上任意一点为 $P(x, y)$，与该点绕原点逆时针旋转45°所得到的点 $Q(x_1, y_1)$ 坐标之间的关系→引导学生通过不变量找到坐标之间的关系，或者利用旋转的方法找到坐标之间的关系。

知识层面：使学生初步体会方程通过坐标旋转可以进行化归。

方法层面：进一步掌握转移代入法的应用。

能力方面：提高学生分析问题、解决问题的能力，提升学生直观想象、数学运算的核心素养。

（三）归纳回归阶段

1. 本阶段教学解决的问题

通过解决上面求证过程，学生已经基本掌握了双曲线的定义，同时也能够将初高中知识建立起完整的体系。为此我们采取了学生归纳总结、教师点评的教学方式，解决下列问题：完成课堂起始阶段例题，同时总结反比例函数的几何性质。

2. 本阶段教学安排

（1）解决问题

回顾开篇实际问题，分析"分界线"的作用：快递为节约运输成本，在城市中划出一条边界线，在边界线左侧的沿着公路 MA 送至 A 处后再送往指定地点，在边界线右侧的沿着公路 MB 送至 B 处后再送往指定地点。

设边界上任意一点为 P，则 $PA-PB=2$，又因为 $MA-MB=-2$，可知 $PA+MA=PB+MB$，那么在边界上两边的运输路程相等，在边界左侧沿着 MA 运输路程更近，在边界右侧沿着 MB 运输路程更近。

体会数学服务生活，数学对实际生活的重要影响；进而更深入理解双曲线的定义。

（2）归纳总结

总结反比例函数的几何性质，使学生真正理解本节课的目的，从中有所收获。

（四）反思拓展阶段

1. 本阶段教学解决的问题

本阶段采取了学生分享体会的教学方法，解决下列问题：希望学生将本节课所学内化于心，建构知识网络，为学生今后的学习提供新的思考方法，同时引导学生深入研究，将本节课所学的思想、方法应用到学习其他知识中。

2. 本阶段教学安排

（1）教师引导学生反思

发现解决问题的过程中，在基于一定合理性的基础上可以进行猜测，然后再进行严格证明。

对于解析几何问题，我们通常可以从代数和几何两个角度去找寻解决问题的途径。

要善于发现图形的几何特点，要善于利用代数变形解决问题。

要善于将我们已经学习过的知识纳入我们新的知识体系中，同时还可以进行进一步的拓展。

感受数学的魅力,数学源于生活、服务生活,要运用数学知识建设社会主义现代化强国,实现中国梦。

(2) 深入拓展

与双曲线或者说反比例函数图象类似的函数图象还有哪些?如果它们也是双曲线,是否有一个统一的方程来表示呢?

将旧知纳入新知,再将新知进行拓展,培养学生可持续学习的能力。

三、教学效果评价

评价方式:教学后,以问卷调查的方式对所教两个班级中的学生进行访问。

(一) 调查问卷

问题 a:你能复述反比例函数的几何性质吗?

问题 b:你能回顾一下本节课的过程吗?

问题 c:你能谈谈通过本节课的学习你有什么收获吗?

(二) 评价量表

设计了评价量表,教学效果评价见表 2.3.1。

表 2.3.1 教学效果评价

项目	A 级	B 级	C 级	个人评价	同学评价	教师评价
听讲讨论	上课认真听讲,讨论态度认真	上课能认真听讲,有参与讨论	上课无心听讲,极少参与讨论	—	—	—
发言交流	积极举手发言,参与讨论与交流	能举手发言,有参与讨论与交流	很少举手,极少参与讨论与交流	—	—	—
尝试表达	大胆尝试并表达自己的想法	有提出自己的不同看法,并做出尝试	不敢尝试和表达自己的想法	—	—	—
与人合作	善于与人合作,虚心听取别人的意见	能与人合作,能接受别人的意见	缺乏与人合作的精神,难以听进别人的意见	—	—	—

续表

项目	A级	B级	C级	个人评价	同学评价	教师评价
思维的条理性	能有条理表达自己的意见，解决问题的过程清楚，做事有计划	能表达自己的意见，有解决问题的能力，但条理性差	不能准确表达自己的意见，做事缺乏计划性、条理性，不能独立解决问题	—	—	—
思维的创造性	具有创造性思维，能用不同的方法解决问题，独立思考	能用老师提供的方法解决问题，有一定的思考能力和创造性	思考能力差，缺乏创造性，不能独立解决问题	—	—	—

四、教学设计特色

（一）巧妙激发冲突

反比例函数是学生在初中所学的内容，虽然学生知道其图象是双曲线，但是学生不知道何为双曲线，学习了双曲线后，再回头让学生探究这一问题，使学生产生了强烈的认知冲突，大大激发了学生的探究欲望以及学习积极性，既深化了学生对反比例函数的认知，又让学生体会到了双曲线与其他数学知识间的联系，进一步完善了数学知识结构。

（二）注重实际问题

本节课从实际应用出发，从实际问题中抽象出数学问题，能够帮助学生提高阅读、分析应用问题的能力，最后回归实际问题，也能够让学生体会到数学的实际作用，感受数学的价值。

（三）培养缜密逻辑

本节课着重通过建构双曲线知识体系使学生体会数学的缜密逻辑，特别是数学中定义的重要性，使学生在发现问题、探究根源、建构新知的过程中，养成主动提问、主动探索的意识，为学生今后的学习打下基础。

案例四　古典概型教学设计分析

潞河中学　秦红霞

一、教学背景分析

（一）教学内容分析

古典概型是继样本空间、事件的关系与运算之后的重点知识。求随机事件的概率主要有两种方法：随机试验法和概率模型法。随机试验法比较耗时，且常常得出概率的估计值，虽然能解决问题，但不利于进行概率理论和规律的研究。概率模型法的学习，方便后续学生学习和理解概率的基本性质，为学生进一步学习随机变量的分布列奠定基础。古典概型是典型的概率模型之一。本节课主要学习古典概型的特征及如何求古典概型中事件的概率。本节课有助于发展学生直观想象、逻辑推理、数学建模的核心素养。从思想方法的角度看，通过归纳随机试验的共同特征，抽象出古典概型，发展学生的抽象概括能力；通过辨析典型的问题，巩固对古典概型概念的理解，发展学生的辩证思维能力；通过利用古典概型解决实际问题，发展学生分析问题、解决问题的能力，帮助学生养成科学严谨的态度。

（二）教学设计出发点

从本节教学来看，给出样本点具有有限性和等可能性的一些例题，方便学生抽象、归纳试验的共同特征；同时举出一些不具有上述性质的例题，引发认知冲突，帮助学生深化古典概型的理解，也为学生更好地理解古典概型概率公式奠定基础。因此本节课从学生熟悉的例题入手，既符合学习数学概念的一般过程，也符合学生的认知规律。从前后联系来看，学生没有学习概率模型的经验，容易忽略古典概型的判断而直接利用古典概型的公式计算概率。

（三）学生情况

1. 现有知识储备

样本空间、样本点、事件的关系与运算。

2. 现有能力基础

授课对象为通州区潞河中学高二年级实验班学生，学生基础知识比较扎实，具有较强的逻辑推理能力和抽象概括能力。

3. 现有情感态度

从生活中的例子、问题入手，激发学生的求知欲，使学生有强烈的学习兴趣和动机。

4. 学生的认知困难

求概率的方法笼统、模糊，判断样本点的等可能性。

（四）教学目标确定

①通过实例，归纳、概括古典概型的特征和概率计算公式；通过问题辨析，理解古典概型及计算公式。

②会用列举法计算一些随机事件所含的样本点数，判断是否属于古典概型，并利用古典概型求事件发生的概率。

③培养学生的归纳概括、辩证思维能力，提高学生学习数学的兴趣，发展学生的数学抽象、逻辑推理、数学建模、数学运算的核心素养。

（五）教学重点、难点分析

教学重点：理解古典概型及计算公式。

教学难点：实际问题转化为古典概型求概率。

二、教学过程分析

（一）分析、归纳共同特征阶段

1. 本阶段教学解决的问题

教学开始阶段，从学生熟悉的随机试验入手，学生自主思考、分析，发现不同的答案。解决下列问题：产生认知冲突；明确冲突的根源。

2. 本阶段教学安排

（1）实例引入

引例1：掷一枚质地均匀的骰子，观察正面朝上的点数，求正面朝上的点数是奇数的概率。

学生独立思考、分析作答，然后交流分享，试验的样本点为1点、2点、3点、4点、5点、6点；正面朝上是奇数点即正面朝上的点数为1、3、5，所求概率是1/2。学生的分析基本一致。

引例2：假设生男孩、生女孩的概率相同，一个家庭有两个孩子，求这个家庭两个孩子是一男一女的概率。

学生独立思考、分析、作答，然后交流分享，表达推理的过程。有些学生根据两个孩子的性别可能是2男、2女、1男1女，求得概率为1/3；有的学生根据两个孩子的性别可能为：男男、男女、女男、女女，求得概率为1/2，此时便产生了认知冲突。

（2）发现错误，分析错因

学生梳理两个问题的解答过程，对比"引例2"两种解法的异同，交流错误的原因，找出问题的共性是通过分析试验的样本点，用所求事件的样本点数与总的样本点数的比值求得概率，不同的是样本点的列举方法。问题自然而然产生了，样本点满足怎样的条件，才能利用上述方法求概率呢？学生讨论交流，感知到当样本点可能性相同时，才能用比值求概率。

（二）探究新知阶段

1. 本阶段教学解决的问题

归纳概括试验中样本点的共同特征，抽象出古典概型的特征；抽象概括出从特殊到一般的古典概型的概率公式。

2. 本阶段教学安排

（1）归纳古典概型的特征及计算公式

问题：分析试验中的样本点，尝试分类并概括特征，求概率。

①掷两枚质地均匀的硬币，观察正面朝上的情况，求只有一枚硬币正面朝上的概率。

②从字母 a，b，c，d 中一次随机抽取两个字母，求取到字母 a 的概率。

③从 0~9 这 10 个整数中随机抽取一个整数，求取到的数能被 3 整除的概率。

④从自然数中随机抽一个数，求取到 1 的概率。

⑤一个路口有交通灯，红灯的时间为 30 秒，黄灯的时间为 5 秒，绿灯的时间为 40 秒，一个同学到达路口，求遇到红灯的概率。

引导学生独立分析样本点、样本点发生的可能性大小，给出自己的判断。

①样本空间为：{（正，正），（正，反），（反，正），（反，反）}，概率为 $\frac{2}{4}=\frac{1}{2}$。

②样本空间为：{ab，ac，ad，bc，bd，cd}，概率为 $\frac{3}{6}=\frac{1}{2}$。

③样本空间为：{0，1，2，3，4，5，6，7，8，9}，概率为 $\frac{4}{10}=\frac{2}{5}$。

④样本空间为：{0，1，2，…}，概率很小。

⑤样本空间为：{红灯，绿灯，黄灯}，概率不好确定，应该不是 $\frac{1}{3}$。

学生交流、归纳概括样本点的特征。①②③的样本点总个数是确定的数，每个样本点发生的可能性相等，事件的概率求法一致；④中样本点有无限个，个数不是确定的值，与①②③不同；⑤中三个样本点发生的可能性不相等，与①②③不同。所以由①②③及引例中的试验抽象出一类具有此类特征的概型，称为古典概型。

案例四 古典概型教学设计分析

(2) 表述古典概型的特征及公式

学生自主归纳概括此类试验的共性，明确表达，交流雕琢，形成概念，发展学生数学抽象、逻辑推理的核心素养。

概念：一般地，如果随机试验的样本空间所包含的样本点个数是有限的（简称有限性），而且可以认为只含一个样本点的事件发生的可能性相等（简称等可能性），我们将具有这两个特点的随机试验称为古典概率概型，简称古典概型。

计算公式：一般地，设试验 E 是古典概型，样本空间 Ω 包含 n 个样本点，事件 A 包含其中的 k 个样本点，则定义事件 A 的概率为

$$P(A) = \frac{k}{n} = \frac{n(A)}{n(\Omega)}$$

式中：$n(A)$ 和 $n(\Omega)$ 分别为事件 A 和样本空间 Ω 包含的样本点个数。

(3) 辨析、理解概念

问题：判断下列试验是否属于古典概型？并说明理由。

①同时掷两枚质地均匀的骰子，观察正面向上的点数。

②从 [0，10] 中任取一个有理数。

③某同学打靶，试验结果可能是 n 环，$n \in N$，$0 \leq n \leq 10$。

学生自主分析，巩固判断古典概型的方法和过程。

(三) 实践应用阶段

1. 本阶段教学解决的问题

通过典型例题的分析解答，巩固古典概型的判断及利用古典概型概率公式求解概率的过程。本阶段每个例题先由学生自主思考、分析、解答，再进行释疑、分享、交流并规范解题过程，最后形成求解古典概型问题的一般思路。

2. 本阶段教学安排

例一：袋子中有 5 个大小质地完全相同的球，其中 2 个红球、3 个黄球，从中不放回地依次随机摸出 2 个球，求下列事件的概率：

$A =$ "第一次摸到红球"，$B =$ "第二次摸到红球"，$AB =$ "两次都摸

到红球"。

解：将两个红球编号为1、2，三个黄球编号为3、4、5。第一次摸球时有5种等可能结果；对应第一次摸球的每个可能结果，第二次摸球时都有4种等可能结果；将两次的结果配对，组成20种等可能结果，见表2.4.1。

表2.4.1 等可能结果汇总

第一次	第二次				
	1	2	3	4	5
1	×	(1, 2)	(1, 3)	(1, 4)	(1, 5)
2	(2, 1)	×	(2, 3)	(2, 4)	(2, 5)
3	(3, 1)	(3, 2)	×	(3, 4)	(3, 5)
4	(4, 1)	(4, 2)	(4, 3)	×	(4, 5)
5	(5, 1)	(5, 2)	(5, 3)	(5, 4)	×

第一次摸到红球的可能结果有8种（表中第1、第2行），$A = \{(1, 2), (1, 3), (1, 4), (1, 5), (2, 1), (2, 3), (2, 4), (2, 5)\}$，所以 $P(A) = \dfrac{n(A)}{n(\Omega)} = \dfrac{8}{20} = \dfrac{2}{5}$。

第二次摸到红球的可能结果也有8种（表中第1、第2列），即 $B = \{(2, 1), (3, 1), (4, 1), (5, 1), (1, 2), (3, 2), (4, 2), (5, 2)\}$，所以 $P(B) = \dfrac{n(B)}{n(\Omega)} = \dfrac{8}{20} = \dfrac{2}{5}$。

事件 AB 包含2个可能结果，即 $AB = \{(1, 2), (2, 1)\}$，所以 $P(AB) = \dfrac{n(AB)}{n(\Omega)} = \dfrac{2}{20} = \dfrac{1}{10}$。

小结反思：理解20个样本点的等可能性，将球编号是为了表达简洁，编号用数字、字母均可，比如有的学生将红球编号为 x、y，三个黄球编号为 a、b、c。通过题目思考 $P(AB)$ 与 $P(A)$、$P(B)$ 的积是否相等。

例二：甲、乙两人玩"石头、剪刀、布"的猜拳游戏，假设两人都随机出拳，求平局的概率及甲赢的概率。

解：甲有3种不同的出拳方法（石头、剪刀、布），分别记为 A、B、

C；乙也有 3 种不同的出拳方法（石头、剪刀、布），分别记为 a、b、c。则样本空间为 $\Omega = \{(A, a), (A, b), (A, c), (B, a), (B, b), (B, c), (C, a), (C, b), (C, c)\}$。

因为两人都是随机出拳，每次出拳结果都是等可能的，即 9 个样本点都是等可能的，所以可以看作古典概型。

记"平局"为事件 M，则 M 中包含的样本点为 (A, a)，(B, b)，(C, c) 3 个，所以

$$P(M) = \frac{3}{9} = \frac{1}{3}$$

记"甲赢"为事件 N，则 N 中包含的样本点为 (A, b)，(B, c)，(C, a) 共 3 个，所以

$$P(N) = \frac{3}{9} = \frac{1}{3}$$

小结反思：本题是生活中常见的游戏，体会实际问题转化为数学问题的过程，注意解题过程的语言表达，先判断是古典概型，再利用公式计算概率。注意同一个字母不能重复使用。

例三：在标准化的考试中既有单选题又有不定项选择题，单选题一般是从 A、B、C、D 中选一个正确答案，不定项选择题一般是 4 个选项中至少有一个正确答案，同学们可能有一种感觉，假设考生不会做，随机选一个答案，多选题更难猜对，你能说明理由吗？

解： 对于单选题，考生随机选一个正确答案，样本空间为 $\Omega = \{A, B, C, D\}$，因为考生不会做，随机选，即样本点发生的可能性相等，可以认为是古典概型。设"单选猜对"为事件 M，因只有一个正确答案，即 M 中只含有一个样本点，则 $P(M) = \frac{1}{4}$。

对于不定项选择题，考生随机选一个正确答案，样本空间 $\Omega = \{A, B, C, D, AB, AC, AD, BC, BD, CD, ABC, ABD, ACD, BCD, ABCD\}$ 共 15 个样本点，设"不定选猜对"为事件 N，N 中只含有一个样本点，则 $P(N) = \frac{1}{15} < \frac{1}{4} = P(M)$，所以多选题更难猜对。

小结反思：巩固利用古典概型求概率的过程，鼓励学生用数据说理。

问题：请总结求解古典概型问题的一般思路。

①明确试验的条件及要观察的结果，用适当的符号（字母、数字、数组等）表示试验的可能结果（借助图表、树形图等可以帮助我们进行不重不漏的列举）。

②根据实际问题情境判断样本点是否具有等可能性，判断是否属于古典概型。

③计算样本点总个数及事件包含的样本点个数，求出事件的概率。

（四）总结反思阶段

1. 本阶段教学解决的问题

采用交流分享的方法，解决以下问题。

①叙述古典概型的特征及概率计算公式。

②举出一个不是古典概型的例子。

③说一说利用古典概型求概率的过程及注意事项。

④本节课学到哪些思想方法？

⑤还有哪些有待继续解决的问题？

2. 本阶段教学安排

（1）总结阶段

引导学生回顾、表达所学古典概型的概念、公式以及解决问题的过程。

（2）反思阶段

引导学生梳理发现新概念的过程，提炼数学思想方法。引导学生提出问题，培养质疑的能力。

3. 课堂练习题

《史记》中讲述了田忌与齐王赛马的故事："田忌的上等马优于齐王的中等马，劣于齐王的上等马；田忌的中等马优于齐王的下等马，劣于齐王的中等马；田忌的下等马劣于齐王的下等马。"若双方从各自的马匹中随机选一匹进行一场比赛，则田忌获胜的概率为（B）。

A. $\frac{1}{2}$ B. $\frac{1}{3}$ C. $\frac{1}{4}$ D. $\frac{1}{5}$

三、教学效果评价

教学后，对所教两个班的学生进行了访谈和问卷调查。

（一）调查问卷

问题 a：你能复述一下怎么判断随机试验是否属于古典概型吗？
问题 b：能说清楚利用古典概型求事件概率的思路吗？
问题 c：能举出一个非古典概型的例子吗？

（二）调查结果

调查结果汇总，见表 2.4.2。

表 2.4.2　调查结果汇总　　　　　　　　　　　（人）

问题	统计人数	是	否
a	78	74	4
b	78	69	9
c	78	63	15

（三）结果分析

约 95% 的学生能够用自己的语言来表述古典概型的特征，说明本节课通过实例引发认知冲突、明确冲突的根源，逐步对比、归纳概括古典概型的教学设计符合学生的认知能力和思维模式。88.5% 的学生能说清楚利用古典概型求概率的思路，小部分学生需要在后续解决问题的过程中进一步实践和理解。约 81% 的学生能举出非古典概型的例子，说明大部分学生深刻理解了古典概型的特征。

四、教学设计特色

（一）注重概念、公式的生成过程

抛给学生丰富的实例，由学生分析、比较、概括，发挥学生的主体地位，调动学生的积极性，由学生切身体验，经历知识发生、发展和深化的过程，符合认知发展的规律，有助于学生思维能力的全面提高。

（二）注重学生应用数学知识解决实际问题能力的培养

多采用实际生活中的例子，比如"石头、剪刀、布"的游戏，单选和不定选问题，有助于发展学生将实际问题转化为数学问题的能力，有助于提升学生数学抽象和数学建模的素养，有助于提高学生分析问题、解决问题的能力，有利于学生的长远发展。

案例五　几类不同增长的函数模型教学设计分析

潞河中学　秦红霞

一、教学背景分析

（一）教学内容分析

学习几类不同增长的函数模型，认识指数函数 $y=a^x$（$a>1$），幂函数 $y=x^n$（$n>0$），对数函数 $y=\log_a x$（$a>1$）的增长差异，是对这三类函数性质（尤其是 y 随 x 的增长速度）的深入理解和探索，同时也是对函数的认识从有限扩展到无限的过程，也为进一步学习函数的平均变化率、函数的瞬时变化率、高等数学中的"$\frac{\infty}{\infty}$""$\infty-\infty$"型极限、由几类函数组合而成的复杂函数的图象与性质、物理学科中速度和位移的关系等奠定基础。教材先给出了 $y=2^x$，$y=x^2$，$y=\log_2 x$ 在原点附近的函数值对比表和图象，这个范围正好是学生平常画图的范围。然后又给出了函数 $y=2^x$ 与 $y=x^2$ 在更大区间内函数值的表格和图象，引导学生观察，随着 x 越来越大、$y=2^x$ 快速增长，$y=x^2$ 与之比起来微不足道。以此探究思路和方法为例，引导学生对 $y=x^2$ 与 $y=\log_2 x$ 进行观察、比较、归纳结论，并将结论推广到一般的指数函数、幂函数和对数函数。但是一组特殊函数得出的规律，是否对一般的函数都成立，需要大量的例证和不同组的趋势对比。本节课学生通过计算器和画图软件，对比大量函数增长速度的差异，用"从特殊到一般"的方法,体会发现规律的过程,了解、感受不完全归纳法的不严谨。本节课的规律和结论,在今后学习了导数相关知识之后,可以严格证明。

(二) 教学设计出发点

从本节课的教学来看,从学生熟悉的问题出发,引发认知冲突,使学生感受到研究不同增长函数增长速度的必要性,既符合数学发展的规律,也符合学生的认知规律。从前后联系来看,一方面,学生学习了幂函数、指数函数、对数函数的图象和性质,还没有掌握不同类别函数之间的差异;另一方面,学生后续解决函数与方程相关问题、选择合适的函数解决实际问题、理解导数的几何意义、求极限等,都需要理解函数的增长速度,所以本节课既是已学知识的综合应用,又是为后续学习奠定基础。

(三) 学生情况

1. 现有知识储备

基本初等函数的图象与性质、方程与函数的关系、函数问题的基本思想方法。

2. 现有能力基础

学生具备了一定的逻辑推理、直观想象、数学运算素养,学习了 GeoGebra 软件的基本操作方法。

3. 现有情感态度

学完基本初等函数的图象与性质,知道了方程与函数的关系后,学生可解决的方程问题变得多样化,有进一步探索的需求;学生对数学有浓厚的兴趣,能从发现问题、解决问题中收获成就感。

4. 学生的认知困难

对于函数的增长速度局限于一次函数,只有直观感知,没有更为准确的理解;对于 x 趋近于无穷大时,函数的取值理解模糊;对于陌生函数问题,学生局限于数形结合、逻辑推理,而利用信息技术探索解决问题的经验不足。

(四) 教学目标确定

①认识指数函数、幂函数、对数函数的增长差异，掌握三类函数的增长特点，明确三类函数图象的上下关系。

②借助信息技术，利用函数图象及数据表格，探索三类函数的增长特点，比较、归纳三类函数的增长差异。

③培养学生的动手能力、使用信息技术的能力，感受探究数学的乐趣，提高学生学习数学的兴趣，培养学生的数据分析、直观想象、逻辑推理素养，使学生保持严谨的科学态度。

(五) 教学重点、难点分析

教学重点：探索三类增函数增长速度的差异，理解增长速度。
教学难点：探索规律，形成结论。

二、教学过程分析

(一) 发现冲突，引发主题

1. 本阶段教学解决的问题

教学开始阶段，从学生熟悉的问题入手，学生自主探索，发现错误答案。师生分析错误产生的根源，解决下列问题：产生认知冲突；明确冲突根源。

2. 本阶段教学安排

(1) 熟悉的问题

方程 $x^3 = 2^x$ 有几个根？

首先引导学生识别方程的结构，回顾用函数解决方程问题的基本思路，然后由学生独立解决问题，多数学生通过画函数 $y = x^3$ 与 $y = 2^x$ 的图象发现只有一个交点。

(2) 发现错误，分析错因

通过学生分享，或者展示给学生两个函数取值的数据（见表2.5.1），学生发现错误，产生认知冲突，激发学生的求知欲。师生分析错因，学生体会画图的局限性，讨论不同函数增长情况及同一个坐标系中位置关系的必要性。

表 2.5.1　函数取值一

函数	_	_	_	_	_	_	x	_	_	_	_	_	_	_
	0	1	2	3	4	5	6	7	8	9	10	11	12	13
$y=x^3$	0	1	8	27	64	125	216	343	512	729	1000	1331	1728	2197
$y=2^x$	1	2	4	8	16	32	64	128	256	512	1024	2048	4096	8192

（二）探究新知阶段

1. 本阶段教学解决的问题

一方面是解决陌生的、一般性的函数问题；另一方面是借助信息技术解决问题。本阶段需要解决下列问题：在解决问题的思路上，对于陌生的、一般性的函数问题，没有已有知识做推理基础时，可以从特殊、具体的函数入手进行探索，发现规律；借助信息技术和思辨能力解决三个函数的增速及位置关系问题。

2. 本阶段教学安排

（1）启发、探索思路

指数函数 $y=a^x$（$a>1$），幂函数 $y=x^n$（$n>0$）与对数函数 $y=\log_a x$（$a>1$），在区间（0，$+\infty$）上都是增函数，我们今天的目标是研究三类函数的增长差异性，并确定在同一个坐标系中，不同函数的上下位置关系。如何研究这种差异性？目前学生已掌握了每一类函数的图象与性质，对于不同类别之间的差异不清晰，由于三类函数中字母 a、n 不确定，因此对于学生来说解决问题十分困难。经过学生的思考和讨论，集思广益，去粗取精，得到较为合理的解决方案。利用从特殊到一般的思路，在每一类中找一些函数，借助画图象，观察、对比、归纳规律。由于对数函数的值不易计算，描点画图效率及准确率很低，所以借助信息技术是必要的。

引导学生在解决数学问题的过程中，通过特殊情况发现一般规律，由特殊事例归纳出一般结论,让学生了解到这是一种常见的发现结论的重要思维过程。

(2) 初步实践探索

先以对数函数 $y = \log_2 x$、指数函数 $y = 2^x$ 与幂函数 $y = x^2$ 为例进行探索。学生利用 GeoGebra 软件做函数图象,教师指导学生将 x 轴:y 轴设为 1:1,1:20,1:50 等,观察三个函数在原点附近和 x 轴很大时的取值情况(见图 2.5.1),发现并表述三个函数的关系。为了观察更具体,我们利用 Excel 制作了三个函数的取值(见表 2.5.2),提供给学生,帮助学生更确切地感知三个函数增速的变化情况。

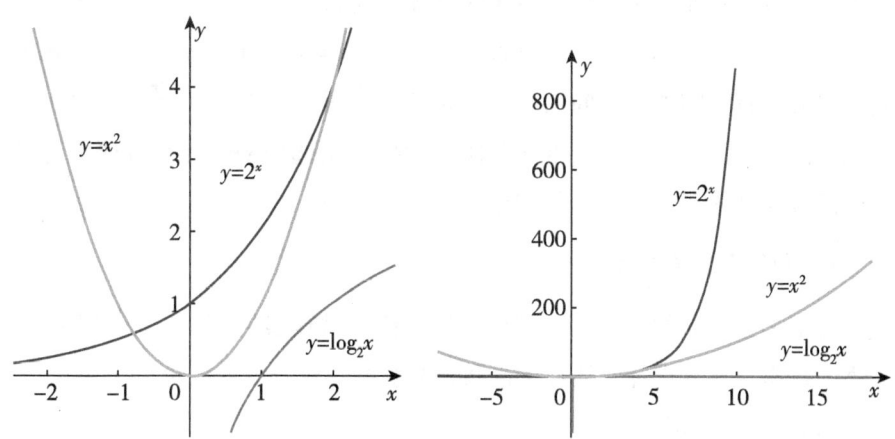

图 2.5.1　函数图象一

表 2.5.2　函数取值二

函数	x						
	10	20	30	40	50	60	70
$y = 2^x$	1024	1048576	1.07E+09	1.1E+12	1.13E+15	1.15E+18	1.18E+21
$y = 2^x$	100	400	900	1600	2500	3600	4900
$y = \log_2 x$	3.32	4.32	4.91	5.32	5.64	5.91	6.13

学生从数据和图象可以发现一些有趣的事实,例如:$y = 2^x$ 在 $x < 5$ 时增速不大,但是 $x > 10$ 后增长迅猛;$y = x^2$ 增长也很快,但是没有指数函数快;当 $x > 10$ 时,两个函数 y 值之差越来越大;$y = \log_2 x$ 增长非常平缓,

图象一直在最下方。$y=2^x$ 与 $y=x^2$ 有 3 个交点,当 $x \in$（0,2）时,$x^2 < 2^x$;当 $x \in$（2,4）时,$x^2 > 2^x$;当 $x \in$（4,$+\infty$）时,$x^2 < 2^x$。当 x 很大时,2^x 比 x^2 大得多。学生通过观察、对比,发现三个函数的增长特点以及在同一个坐标系中三个函数的位置关系,能对本节课的一般问题有一定的猜想,也为后面进行一般函数的探究提供方向和思路。

（三）自主探索阶段

1. 本阶段教学解决的问题

通过上面的探索,学生有了猜想和进一步探究的方向。师生一起回顾同类别函数的增速快慢规律,不同的指数函数如 $y=5^x$ 与 $y=1.2^x$、不同的幂函数如 $y=x^5$ 与 $y=x^{0.5}$、不同的对数函数如 $y=\log_{1.5}x$ 与 $y=\lg x$,增速差别都很大。而不同类别之间的函数增长情况、函数的上下关系是不是仍然呈现上面发现的规律呢?所以本阶段由学生自主选择函数探究,研究上述三类函数的增速及位置关系的问题。

2. 本阶段教学安排

为了丰富函数的数量,为归纳一般结论提供翔实的例子,采用学生两人小组合作,自主选择要研究的函数,截屏并记录发现的结论。

（1）小组合作探究

选择哪两个函数?其交点个数是多少?函数位置怎样?还有什么疑问?

（2）展示分享交流

小组展示、分享图象（见图 2.5.2、图 2.5.3）,交流所得结论与疑问,丰富函数的数量,掌握翔实的事实依据,为达成共识奠定基础。

（3）观察数据表,加深体会

教师利用 Excel 制作不同函数的函数值表（如表 2.5.3 ~ 表 2.5.5）,供学生观察,从数据方面,更准确、详细地说明函数的关系,作为图象探究的补充。

案例五 几类不同增长的函数模型教学设计分析

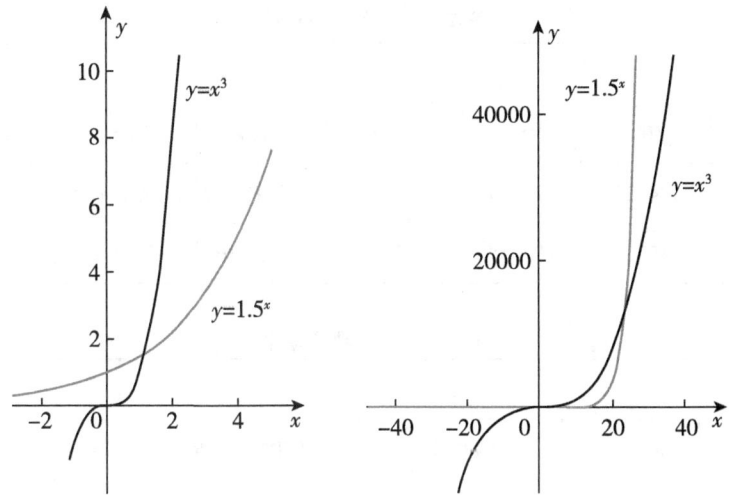

图 2.5.2 函数图象二

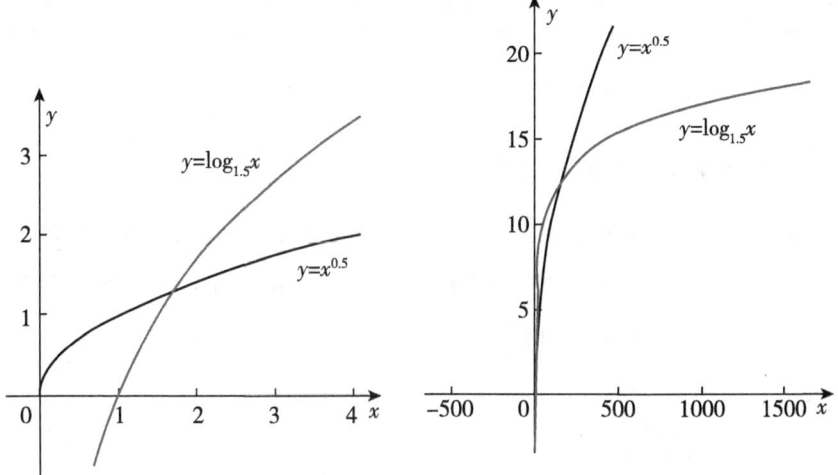

图 2.5.3 函数图象三

表 2.5.3 函数取值三

函数	x					
	500	1000	2000	3000	4000	5000
$y=1.01^x$	144.77	20959.16	4.39E+08	9.21E+12	1.93E+17	4.04E+21
$y=x^5$	3.13E+13	1E+15	3.2E+16	2.43E+17	1.02E+18	3.13E+18

表 2.5.4　函数取值四

函数	\multicolumn{6}{c}{x}
	500	1000	1500	2000	2500	3000
$y = 1.01^x$	144.77	20958.35	439252556	1.929E+17	3.723E+34	1.386E+69
$y = x^2$	3.125E+13	1E+15	5.5938E+15	3.2E+16	9.7656E+16	2.43E+17

表 2.5.5　函数取值五

函数	\multicolumn{7}{c}{x}
	1000	5000	10000	15000	20000	25000	30000	35000
$y = x^{0.5}$	31.62	70.71	100	122.48	141.42	158.11	173.21	187.08
$y = \log_{1.1} x$	72.48	89.36	96.64	100.89	103.91	106.25	108.16	109.78

（四）归纳与应用阶段

1. 本阶段教学解决的问题

本阶段采用交流分享的方法，解决下列问题：归纳三类函数的增长情况、位置关系、交点情况的一般结论；巩固应用，利用规律解决相关问题；总结升华，总结解决问题的思路及方法。

2. 本阶段教学安排

（1）归纳阶段

引导学生归纳一般的结论，从自然语言叙述到数学语言表达。

当 $x \in （0，+\infty）$ 时，对数函数 $y = \log_a x$（$a > 1$）、指数函数 $y = a^x$（$a > 1$）与幂函数 $y = x^n$（$n > 0$）都是增函数，但是增长速度不同，而且不在同一个档次上，随着 x 的增大，指数函数的增长速度越来越快，会超过并远远大于幂函数，而对数函数的增长速度越来越慢，所以总存在一个 x_0，使得 $x > x_0$ 时，就会有 $\log_a x < x^n < a^x$。

指数函数 $y = a^x$（$a > 1$）与幂函数 $y = x^n$（$n > 0$）在 $x \in （0，+\infty）$ 上的交点情况：0 个，1 个，2 个；幂函数 $y = x^n$（$n > 0$）与对数函数 $y =$

$\log_a x$ ($a>1$) 在 $x \in$ （0， $+\infty$）上的交点情况：0 个，1 个，2 个；指数函数 $y=a^x$ ($a>1$) 与对数函数 $y=\log_a x$ ($a>1$) 在 $x \in$ （0， $+\infty$）上的交点情况：0 个，1 个，2 个。

（2）巩固应用阶段

利用习题，使学生巩固课堂所学，反馈学习中的问题。

课堂练习题：

①$x^4=3^x$ 有几个根？

②$y=2^x-x^3$，当 $x>0$ 且非常大时，取值情况怎样？$y=x^3-2^x$ 呢？$y=\dfrac{x^3}{2^x}$ 呢？$y=\dfrac{2^x}{x^3}$ 呢？

③$y=x^2-\ln x$，当 $x>0$ 且非常大时，取值情况怎样？

学生先不借助信息技术，根据本节课探究的规律得出结论，再利用信息技术进一步验证，巩固三类函数的位置关系的定性规律，并关注函数值差的变化趋势。

（3）总结升华阶段

引导学生总结在知识上、研究函数的方法上的收获。反思这节课的研究过程和结论。引导学生了解归纳法的不严谨之处，指明后面学习导数后可以严格证明函数的交点个数和位置关系。引导学生体会到解决问题可能一波三折，遇到问题，要主动想办法，如数值很大的幂函数可以通过取对数计算，再如图象显示不全的，可以调整坐标系的比例等。

三、教学效果评价

教学后，对所教两个班中的学生进行了访谈和问卷调查。

（一）调查问卷

问题 a：你能复述一下三类增函数的增长特点、位置关系吗？

问题 b：对于两个都趋近于无穷大的函数的差也可以无限大，你能理解吗？

问题 c：你喜欢借助信息技术解决问题的过程吗？

（二）调查结果

调查结果见表 2.5.6。

表 2.5.6　调查结果　　　　　　　　（人）

问题	统计人数	是	否
a	78	67	11
b	78	45	33
c	78	69	9

（三）结果分析

约 86% 的学生能够用自己的语言来复述三类增函数的增长特点、位置关系，说明本节课通过实例引发认知冲突、明确主题、借助信息技术进行逐步探究的教学设计符合学生的认知能力和思维模式。约 58% 的学生能够理解无穷大的差还可能是无穷大，但是有相当一部分学生仍然存在困难，需要通过后续进一步学习帮助学生深刻理解。约 88.5% 的学生喜欢借助信息技术解决问题的过程，一方面说明信息技术起到了提高课堂教学效果和效率的作用；另一方面，也对拓展解决数学问题的思路和角度有重要意义。

四、教学设计特色

（一）充分利用信息技术教学

本节课利用 iPad 及 GeoGebra 软件进行教学，对发挥学生的个性有极其重要的促进作用。一方面，提高了教学效率，学生把成果及时上传，跟其他的同学分享，同时也有利于教师发现课堂上表现不是很积极的学生，有助于关注更多的学生；另一方面，学生利用软件和计算器，可以自主选择想要研究的函数，随意放大、缩小函数图象，根据自己的需求和计划观察函数在相应区间的图象，或者利用计算器，进行数据的计算和分析。同时借助软件能较快地画出多组函数，进行对比，有利于在大样本中发现规律。

（二）注重知识的生成过程，注重学生的切身体验

引导学生经历知识发生、发展和深化的过程。三类不同增长的函数差异性规律及函数上下关系的规律的得出，不是一下子能准确完成的，需要经历错误、不理解、猜测、质疑等过程才能全面、真实、清晰地认识到。如果只靠简单的阅读书本，没有自己动手实践，学生即使记住了结论，也不能理解结论的本质，甚至对结论有所怀疑。

（三）本节课还是有些遗憾

学生对软件的使用不是很熟练，所以效率有待提高。

案例六　三角函数零点问题探索教学设计分析

潞河中学　卢爽

一、教学背景分析

（一）教学内容的功能和定位

从教材安排的角度来看，学生已经研究了幂指对函数的零点问题，其中涉及较多的是已知函数有零点（方程有根）求参数值（取值范围）问题，常见解法有：①直接法：直接求解方程得到方程的根，再通过解不等式确定参数范围；②分离参数法：先将参数分离，转化成求函数的值域问题加以解决；③数形结合法：先对解析式变形，进而构造两个函数，然后在同一平面直角坐标系中画出函数的图象，利用数形结合的方法求解。研究正弦型三角函数的性质也要研究零点问题，它与幂指对函数最大的区别在于周期性和对称性，本节课主要围绕正弦函数的图象与性质，特别是周期性和对称性展开研究。

（二）教学设计的出发点

基于函数 $y = A\sin(\omega x + \varphi) + b$ 图象与性质解决三角函数零点问题，让学生在不同的数学情境中，多次体会数与形的相互作用："数"中思"形"，"形"中觅"数"，二者相辅相成，充分揭示数与形之间的内在关系，能够提升学生逻辑推理、数学运算素养。

(二)学生情况

认知困难:由于三角函数有区别于幂指对函数的两个重要性质——周期性和对称性,使得同类问题的求解变得复杂,造成学习的困难。

认知基础:学生了解了解决幂指对函数零点问题的方法,能够较熟练地结合函数图象解决"已知函数有零点求参数值(取值范围)问题",为研究三角函数零点问题奠定了基础。

(四)教学流程

教学流程如图 2.6.1 所示。

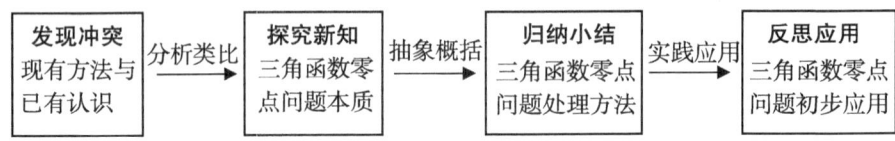

图 2.6.1 教学流程

(五)教学目标确定

通过三角函数零点问题的研究,巩固求具体三角函数零点及参数范围的基本方法和基本思路,领会解决一般函数零点问题的通性通法,提升学生逻辑推理、数学运算的数学素养。

(六)教学重点、难点分析

教学重点:函数 $y = A\sin(\omega x + \varphi) + b$ 的零点问题。

教学难点:研究函数 $y = A\sin(\omega x + \varphi) + b$ 的零点需要结合函数图象以及代数运算加以解决,学生需灵活应用数形结合、转化、类比等方法。

二、教学过程设计

在近几年的北京高考题和模拟题中都有考查函数零点的问题,其中涉及的函数有幂指对函数和三角函数,结合自己的学习经验回忆解决幂指对函数零点问题的本质和方法,求解三角函数的零点问题是否也有相同的方法呢?

案例六 三角函数零点问题探索教学设计分析

（一）复习感悟，探索方法

①设 $f(x) = 2\sin\left(2x + \dfrac{\pi}{3}\right) - 1$，求函数 $f(x)$ 的零点（用尽量多的方法分析）。

②设 $f(x) = 2\sin\left(2x + \dfrac{\pi}{3}\right) - 1$，求满足 $f(x) \geq 0$ 的 x 的取值范围。

③设 $f(x) = 2\sin\left(2x + \dfrac{\pi}{3}\right) - b$，若函数 $f(x)$ 在 $\left[-\dfrac{\pi}{24}, \dfrac{13\pi}{12}\right]$ 上有零点，求 b 的取值范围。

师生活动：学生课前独立完成。课上教师组织学生交流展示，教师进行适时引导学生总结方法。

设计意图：从代数的角度看，求函数的零点就是解方程 $f(x) = 0$，但是用这种方法学生容易漏解；从几何的角度看，求函数 $f(x) = 2\sin\left(2x + \dfrac{\pi}{3}\right) - 1$ 的零点就是求函数 $y = \sin\left(2x + \dfrac{\pi}{3}\right)$ 图象与函数 $y = \dfrac{1}{2}$ 图象交点的横坐标，观察函数图象，答案一目了然。解三角不等式、求参数取值范围的本质就是找到其对应函数的零点，再结合图象确定范围。通过以上三个题目，让学生复习已有方法，并初步体会数形结合方法在解决三角函数零点问题上的应用。

（二）变式应用，深化本质

问题1："设 $f(x) = 2\sin\left(2x + \dfrac{\pi}{3}\right) - b$，若函数 $f(x)$ 在 $\left[-\dfrac{\pi}{24}, \dfrac{13\pi}{12}\right]$ 上有零点，求 b 的取值范围。"在这道题目的基础上，你还能提出与本题解法相同的问题吗？

师生活动：学生思考，集体交流，教师点明借助函数图象的重要性。

设计意图：学生在体会借助函数图象解决问题的同时，自己设计问题，更能考查学生对数形结合思想的理解程度。

①（预设1）设 $f(x) = 2\sin\left(2x + \dfrac{\pi}{3}\right) - b$，若函数 $f(x)$ 在 $\left[-\dfrac{\pi}{24}, \dfrac{13\pi}{12}\right]$ 上恰有两个零点 x_1，x_2，那么 b 的取值范围是什么？

②（预设2）设 $f(x) = 2\sin\left(2x + \dfrac{\pi}{3}\right) - b$，若函数 $f(x)$ 在 $\left[-\dfrac{\pi}{24}, \dfrac{13\pi}{12}\right]$ 上恰有三个零点 x_1，x_2，x_3，$x_1 < x_2 < x_3$，那么 b 的取值范围是什么？

追问：当函数 $f(x) = 2\sin\left(2x + \dfrac{\pi}{3}\right) - b$ 在 $\left[-\dfrac{\pi}{24}, \dfrac{13\pi}{12}\right]$ 上有 2 个零点 x_1，x_2 时，这 2 个零点有什么特征？$x_1 + x_2$ 的值是多少？函数 $f(x) = 2\sin\left(2x + \dfrac{\pi}{3}\right) - b$ 在 $\left[-\dfrac{\pi}{24}, \dfrac{13\pi}{12}\right]$ 上有 3 个零点时又有何结论？是否存在一个值确定的式子？

师生活动：教师给学生充足的时间思考、讨论，然后师生共同分析问题，完成求解。在解完题目后，教师进一步提出问题2。

设计意图：含参问题一直是学生学习的难点，学生在课前检测的基础上容易提出预设1和预设2两个问题，教师引导学生观察分析零点的特征是什么，由于学生对二次函数的对称性非常熟悉，因此结合三角函数的对称性易得 $x_1 + x_2$ 的值。对于有 3 个零点的情况，引导学生构建新的确定关系式，体现变化中的发展和联系。

③设 $f(x) = 2\sin\left(2x + \dfrac{\pi}{3}\right) - 1$，把函数 $f(x)$ 在 $[0, 10\pi]$ 上的所有零点依次记为 x_1，x_2，$\cdots$，x_n，且 $x_1 < x_2 < x_3 < \cdots < x_n$，记数列 $\{x_n\}$ 的前 n 项和为 S_n，求 S_n。

师生活动：有了上面问题的基础，学生容易使用等价转化思想得 $\sin\left(2x + \dfrac{\pi}{3}\right) = \dfrac{1}{2}$，但由于不知道具体有多少个零点，学生可能会无从下手，此时师生共同分析问题，然后完成求解。

设计意图：在问题1的基础上将定义域扩大，因此零点个数增多，但是考虑到正弦函数的周期性以及对称性，结合函数图象问题就可迎刃而解。

（三）归纳小结

问题2：①本节课用到的方法与求解幂指对函数中同类问题所用方法

有什么异同？

②完成本节课的题目，你主要用了哪些分析问题的方法？

师生活动：教师引导学生从知识、方法方面进行总结，适时给予补充。

设计意图：教师和学生一起回顾本节课的学习内容，总结研究三角函数零点问题的思路和方法。

(四) 课堂练习

设函数 $f(x) = \sin\left(2x + \dfrac{\pi}{6}\right)\left(x \in \left[0, \dfrac{13\pi}{6}\right]\right)$，若函数 $y = f(x) - \dfrac{8}{9}$ 恰有 5 个零点，x_1, x_2, x_3, x_4, x_5，$(x_1 < x_2 < x_3 < x_4 < x_5)$，则 $x_1 + 2x_2 + 2x_3 + 2x_4 + x_5$ 的值为（　　）。

A. $\dfrac{35\pi}{3}$ B. 4π C. 5π D. $\dfrac{22\pi}{3}$

设计意图：本题通过再次变式，综合使用了"追问"和巩固三角函数相关知识，提升学生数形结合解决数学问题的能力。

三、教学效果评价

由于三角函数有区别于幂指对函数的两个重要性质——周期性和对称性，使得同类问题的求解变得复杂，笔者设计了一道开放性的题目：学生以课上例题为基础，自己编题并给出解答。学生课下自主学习、相互交流，这样能够帮助学生梳理三角函数零点问题的本质及处理方法。正所谓课上抛砖、课下引玉。

四、教学设计特色

数形结合的思想方法几乎贯穿于"基本初等函数"一章的始终，学生有着丰富的解决零点问题的经验（依据、意义、类型、方法、易错点等），已基本形成数形结合的思想方法，所以本节教学以培养学生主动运用数形结合的思想方法去分析三角函数零点问题为目的，在教学过程中给足学生主动运用数形结合思想方法的空间。如学生的课前作业：求函数 $f(x) =$

$2\sin\left(2x+\dfrac{\pi}{3}\right)-1$ 的零点，多数学生用了直接法和几何法来解答，但这两种方法各有优缺点。且两种方法都有易错点，其根本的问题是：基本知识掌握不全面，严谨性不够。此外，在求"若函数 $f(x)=2\sin\left(2x+\dfrac{\pi}{3}\right)-b$ 在 $\left[-\dfrac{\pi}{24},\dfrac{13\pi}{12}\right]$ 上恰有两个零点 x_1、x_2，那么 b 的取值范围是什么？"时，函数图象起到了关键的桥梁作用，充分体现了它与方程的根以及函数零点之间的数形结合的关系，学生能够主动搭建函数图象这一桥梁，由方程自觉地联想到相应的函数，主动地建立方程的根与函数图象间的关系，提升数形结合思想方法的层次，增强函数应用的意识。最后，在学生探索的过程中，笔者做到了基于假设，尊重生成，但学生提出的问题具有随机性，彼此不关照，所以还需培养学生的系统化思维，如何让学生从直观自然到抽象，需要一个不断实践以及实践后的反思的过程，在实践与反思的过程中，笔者将妥善解决上述问题，还会不断发现和解决新的问题。

案例七　函数 $y = A\sin(\omega x + \varphi)$ 的图象
（第一课时）

潞河中学　卢爽

一、教学背景分析

（一）教学内容的功能和定位

从教材知识编排角度看，本节课内容是《高中数学（人教 A 版）》第一册第五章三角函数第六节函数 $y = A\sin(\omega x + \varphi)$ 的图象的第一课时，主要内容是研究参数 A、ω、φ 对 $y = A\sin(\omega x + \varphi)$ 图象的影响。

从教材知识编排角度看，学生已经学习完了正弦、余弦、正切函数的图象和性质，本节课内容是正弦函数知识的延续，也是极具应用价值的内容；从解决问题的思想方法角度看，本节课渗透了研究问题的方式方法，学生可以经历数形结合、转化与化归、特殊到一般、归纳等研究数学问题的实践过程；从能力培养角度看，本节课可以培养学生数学式处理问题的思维方式，学习在研究数学问题的过程中如何将宏观把握和微观操作有机结合起来，从而实现问题的全面解决，本节课内容是培养学生优良数学品质的极好素材。

（二）教学设计的出发点

课题起源于一个实际的认知冲突：函数 $y = \sin 2x$ 通过怎样变换可以得到函数 $y = \sin\left(2x + \dfrac{\pi}{3}\right)$ 的图象？有的同学认为向左平移 $\dfrac{\pi}{3}$，有的同学认为向左平移$\frac{\pi}{6}$，能够猜出正确答案的同学非常少，即使能够得到正确结果，他们却不能从代数的角度说明具体原因，由此产生了认知上的困难，这就需要准确的函数图象加上几何图形上的辅助说明。图形计算器强大的作图功能是重要的辅助手段，可以让同学们先直观感知，再探究机器作图背后的数学原理，进而得到结论。通过这个问题的解决，学生可以加深对五点法作图和平移变换法作图的体会。

（三）学生情况

1. 现有知识储备

在函数的学习中，学生已经系统学习了基本初等函数图象及性质，并且对周期函数已有了较深的认识，已经掌握形如$y = A\sin(\omega x + \varphi)$的函数的五点法作图方法。在研究函数问题的学习过程中，学生多次经历了根据遇到的数学问题制定解决方案并最终解决问题的全过程，有强烈的求知欲望，对面临的数学问题充满信心，具备用图形计算器做出函数图象的能力。

2. 现有能力基础

在初中阶段学生已经接触过函数图象的平移，尽管是一种感性认识，但为本节课奠定了一定的认知基础。

3. 现有情感态度

多数学生学习兴趣较高，态度积极端正，求知欲强，敢于接受新挑战。

4. 学生的认知困难

本节课面向高一年级的学生，这个年龄段的学生已经具有一定的分析问题、解决问题的能力，逻辑思维已初步形成，但欠深刻，不太严谨，在从具体到抽象的认知过程中还存在一定的困难。在前面对基本初等函数图象及性质的研究过程中，学生已经初步掌握了对含有一个参数的研究方法，但是对含有三个参数问题的研究还是第一次，可能处理起来不够全面。

（四）教学流程

教学流程如图 2.7.1 所示。

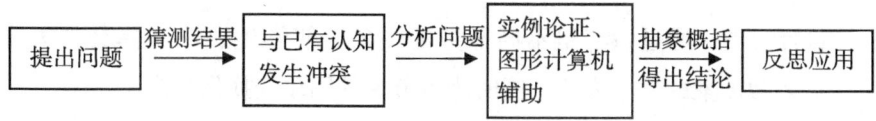

图 2.7.1　教学流程

（五）教学目标确定

学生通过五点法作图和图形计算器，探究 A、ω、φ 对 $y = A\sin(\omega x + \varphi)$ 图象的影响，并能概括出变化规律。

学生通过对 $y = A\sin(\omega x + \varphi)$ 图象的研究过程，体验处理数学问题的思维方法，感悟从特殊到一般、一般到特殊的辩证思维过程，进一步渗透数形结合、转化与化归等数学思想，提高抽象概括的基本数学能力。

在自主探索、动手实践与合作交流的过程中，培养学生不畏困难、勇于探索的意志品质。

（六）教学重点、难点分析

教学重点：确定探究 A、ω、φ 对 $y = A\sin(\omega x + \varphi)$ 图象影响的方案，以及具体的实施过程和对结论的归纳。

教学难点：ω、φ 对 $y = A\sin(\omega x + \varphi)$ 图象共同影响的规律探究与归纳。

二、教学过程分析

（一）课前准备阶段

学生：用"五点法"在同一坐标系用不同颜色的线画出下列几组函数的图象：

① $y = \sin x$，$y = 2\sin x$，$y = \dfrac{1}{2}\sin x$；

②$y = \sin x$，$y = \sin\left(x + \dfrac{\pi}{3}\right)$，$y = \sin\left(x - \dfrac{\pi}{3}\right)$；

③$y = \sin x$，$y = \sin 2x$，$y = \sin \dfrac{1}{2}x$。

设计意图：通过做三组不同函数的图象，使学生进一步体会"五点法"做函数图象的基本方法，同时为本节课的图象变换做好准备。

(二) 提出问题、激发思维冲突

问题1：通过前面的学习，我们可以通过"五点法"得到 $y = \sin\left(2x + \dfrac{\pi}{3}\right)$ 的图象，除此之外，我们还有其他方法吗？

预设学生答案：图象变换法。

问题2：请你设计一下，对哪个图象进行怎样的变换可以得到 $y = \sin\left(2x + \dfrac{\pi}{3}\right)$ 的图象？

预设学生答案1：$y = \sin x \rightarrow y = \sin 2x \rightarrow y = \sin\left(2x + \dfrac{\pi}{3}\right)$。

预设学生答案2：$y = \sin x \rightarrow y = \sin\left(x + \dfrac{\pi}{3}\right) \rightarrow y = \sin\left(2x + \dfrac{\pi}{3}\right)$。

设计意图：通过问题，使学生在头脑中感知到函数 $y = \sin x$ 图象与函数 $y = A\sin(\omega x + \varphi)$ 的图象有必然的联系，激发学生研究兴趣。

(三) 实例论证、感受研究方法

要解决上述图象间的变换问题，我们需要分别研究 A、ω、φ 对图象变换的影响。

问题3：A 对图象有什么影响？

教师活动：

①组织学生交流讨论，鼓励学生大胆猜想，通过操作图形计算器进行验证，并探求理性解释。

②引导学生借助图象上的对应变化点纵坐标之间的对应关系，理解图象伸缩变换的实质并概括结论。一般地，函数 $y = A\sin x$（$A > 0$，$A \neq 1$）的图象，可以看作是将函数 $y = \sin x$ 图象上所有点的纵坐标伸长（$A > 1$）或

缩短（$0<A<1$）到原来的 A 倍（横坐标不变）而得到的。

学生活动：

①探究函数 $y=\sin x$，$y=2\sin x$，$y=\dfrac{1}{2}\sin x$ 三者图象之间的联系。

②借助图形计算器的动态演示图象的功能，亲自感受 $y=A\sin x$（$A>0$）的变化过程，如图 2.7.2 所示。

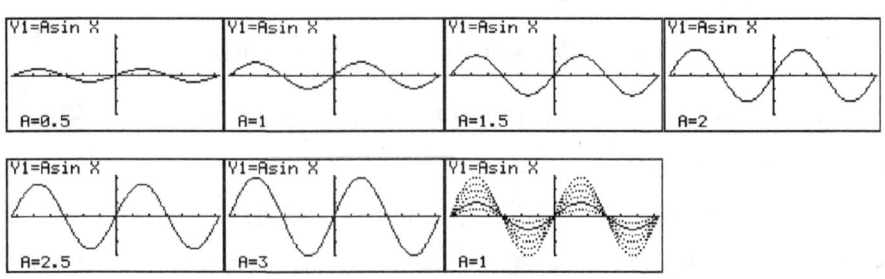

图 2.7.2　$y=A\sin x$（$A>0$）的变化过程示意

问题 4：φ 对图象有什么影响？

教师活动：

①组织学生交流讨论，鼓励学生大胆猜想，通过操作图形计算器进行验证，并探求理性解释。

②引导学生借助图象上的对应变化点横坐标之间的对应关系，理解图象平移变换的实质并概括结论。一般地，函数 $y=\sin(x+\varphi)$ 的图象，可以看作是将函数 $y=\sin x$ 图象上所有点向左（$\varphi>0$）或向右（$\varphi<0$）平移 $|\varphi|$ 个单位而得到的。

学生活动：

①探究函数 $y=\sin x$，$y=\sin\left(x+\dfrac{\pi}{3}\right)$，$y=\sin\left(x-\dfrac{\pi}{3}\right)$ 三者图象之间的联系。

②借助图形计算器的动态演示图象的功能，亲自感受 $y=\sin(x+\varphi)$ 的变化过程，如图 2.7.3 所示。

问题 5：ω 对图象有什么影响？

教师活动：

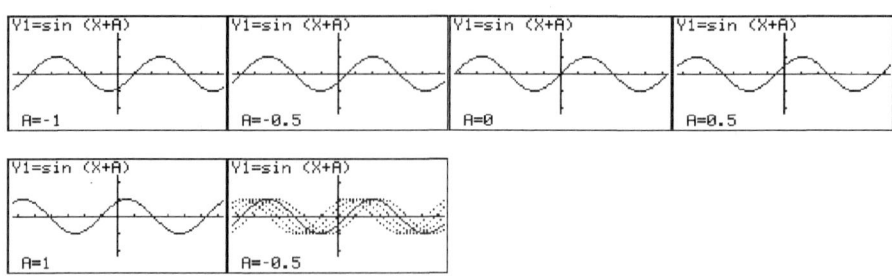

图 2.7.3 受 $y=\sin(x+\varphi)$ 的变化过程示意

①组织学生交流讨论，鼓励学生大胆猜想，通过操作图形计算器进行验证，并探求理性解释。

②引导学生借助图象上对应变化点的坐标之间对应关系，理解图象周期变换的实质并概括结论。一般地，函数 $y=\sin\omega x$（$\omega>0$，$\omega\neq 1$）的图象，可以看作是将函数 $y=\sin x$ 图象上所有点的横坐标缩短（$\omega>1$）或伸长（$0<\omega<1$）到原来的 $\dfrac{1}{\omega}$ 倍（纵坐标不变）而得到的。

学生活动：

①探究函数 $y=\sin x$，$y=\sin 2x$，$y=\sin\dfrac{1}{2}x$ 三者图象之间的联系。

②借助图形计算器的动态演示图象的功能，亲自感受 $y=\sin\omega x$ 的变化过程，如图 2.7.4 所示。

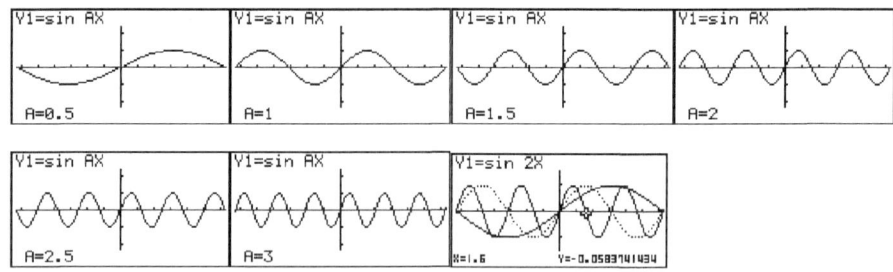

图 2.7.4 $y=\sin\omega x$ 的变化过程示意

设计意图：将 A、ω、φ 对图象变换的影响进行分解。问题提出后，教师不急于讲解，而是由学生合作解决，教师适当引导。在探究过程中注重

案例七　函数 $y=A\sin(\omega x+\varphi)$ 的图象（第一课时）

借助图形计算器辅助思维，并通过前后坐标的变化理解图象变换的实质，考虑图象上对应点的变化规律渗透了研究一般函数图象之间关系的方法。

问题6：函数 $y=\sin 2x$ 通过怎样变换可以得到函数 $y=\sin\left(2x+\dfrac{\pi}{3}\right)$ 的图象？

学生活动：

①猜想并借助图形计算器的画图功能感受由 $y=\sin 2x$ 到 $y=\sin\left(2x+\dfrac{\pi}{3}\right)$ 的变化过程，如图2.7.5所示。

②用"五点法"在同一坐标系中做出 $y=\sin 2x$ 和 $y=\sin\left(2x+\dfrac{\pi}{3}\right)$ 的图象，结合点的坐标给出合理解释。

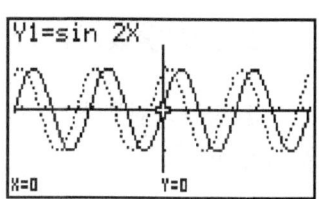

图2.7.5　$y=\sin 2x$ 到 $y=\sin\left(2x+\dfrac{\pi}{3}\right)$ 的变化过程示意

问题7：函数 $y=\sin\left(x+\dfrac{\pi}{3}\right)$ 通过怎样变换可以得到函数 $y=\sin\left(2x+\dfrac{\pi}{3}\right)$ 的图象？

学生活动：

①猜想并借助图形计算器的画图功能感受由 $y=\sin\left(x+\dfrac{\pi}{3}\right)$ 到 $y=\sin\left(2x+\dfrac{\pi}{3}\right)$ 的变化过程，如图2.7.6所示。

②用"五点法"在同一坐标系中做出 $y=\sin\left(x+\dfrac{\pi}{3}\right)$ 和 $y=\sin\left(2x+\dfrac{\pi}{3}\right)$ 的图象，结合点的坐标给出合理解释。

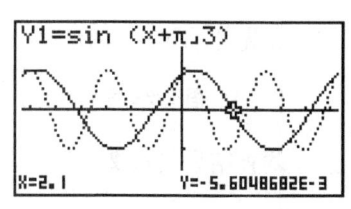

图2.7.6　$y=\sin\left(x+\dfrac{\pi}{3}\right)$ 到 $y=\sin\left(2x+\dfrac{\pi}{3}\right)$ 的变化过程示意

设计意图：ω 和 φ 的不同变换顺序对图象的影响是本节课的难点，不直接告诉学生。鼓励学生在提出猜想的基础上，充分经历图象变换过程，共同发现规律，总结一般性结论，学生易于接受理解，从而突破难点。

（四）例题练习、强化新知应用

请用图象变换法画出函数 $y = 2\sin\left(\dfrac{1}{3} - \dfrac{\pi}{6}\right)$ 在一个周期内的简图。

（五）反思小结、概括收获启发

参数 A、ω、φ 对 $y = A\sin(\omega x + \varphi)$ 图象有什么影响？

三、教学效果评价

教学后，对所教两个理科班的学生进行了访谈，对这两个班级进行了问卷调查。

（一）调查问卷

问题 a：你能复述一下参数 A、ω、φ 对 $y = A\sin(\omega x + \varphi)$ 图象的影响吗？

问题 b：研究参数 A、ω、φ 对 $y = A\sin(\omega x + \varphi)$ 图象影响的过程，你理解起来有困难吗？

问题 c：你觉得由 $y = \sin x$ 变换到 $y = \sin\left(2x + \dfrac{\pi}{3}\right)$ 的过程中，先平移再伸缩和先伸缩再平移有区别吗？

（二）调查结果

调查结果见表 2.7.1。

表 2.7.1　调查结果　　　　　　（人）

问题	统计人数	回答结果	
a	80	69（能）	11（不能）
b	80	51（没有）	29（有）
c	80	73（有）	7（没有）

（三）结果分析

86.25% 的学生能够用自己的语言来表述参数 A、ω、φ 对 $y = A\sin(\omega x + \varphi)$ 图象的影响，说明本节课通过具体实例抽象概括出结论的教学设计符合学生的认知能力和思维模式。63.25% 的学生能够理解参数 A、ω、φ 对 $y = A\sin(\omega x + \varphi)$ 图象影响的研究思路，但是有相当一部分学生仍然存在困难，需要在后续教学中帮助学生深刻理解。91.25% 的学生认为先平移再伸缩和先伸缩再平移有区别，说明多数学生在原有知识的基础上进一步了解了参数 ω、φ 的意义。

四、教学设计特色

（一）遵循课标，调整资源

本节课通过三组具体的例子，既可以对前面所学内容进行系统的回顾，同时又可以作为探究参数 A、ω、φ 对 $y = A\sin(\omega x + \varphi)$ 图象影响的教学。

（二）借助技术，突破难点

本节课教学过程中，运用图形计算器提高了课堂教学效率，帮助学生迅速明确了认知冲突的核心，激发了学生的学习兴趣。

（三）渗透思想，促进思考

本节课着重通过三组具体的例子使学生初步理解参数 A、ω、φ 对 $y = A\sin(\omega x + \varphi)$ 图象的影响，在发现问题、探究根源、建构新知的过程中，体会解决数学问题的基本脉络和方法，养成主动提问、主动探索的意识，为学生后续的学习打下基础。

案例八 数系的扩充与复数的概念教学设计分析

潞河中学 卢爽

一、教学背景分析

(一) 教学内容的功能和定位

从教材知识编排角度看,复数的概念是学习复数相关知识的基础,从思维方法看,学习复数沿袭了人们发现"新数"的规律和"套路",为以后研究类似的问题提供了思路和依据。

(二) 教学设计的出发点

从本节课的教学来看,由于复数的概念远离生活,比较难理解,根据以往教学经验,学生更喜欢直接背定义,对复数的来源及本质并不重视。而学习数学更重要的是通过知识的形成过程掌握分析问题、解决问题的基本方法,提高基本能力,因此本节课采用"生成性"的教学方法,为抽象的复数概念提供生长的"土壤",使学生能更为自然地理解并掌握它们;从前后联系来看,利用数系扩充的"规则",将实数系扩充到复数系更容易被学生接受,能够为后续的复数学习奠定基础。

(三) 学生情况分析

1. 认知困难

在传统的教学模式中,教师往往直接把复数的概念讲述给学生,这对学生来说多少会有些难以接受，因为复数的概念和以往的数学经验（如在以往的学习中，学生已经建立起了根号里面必须是非负数的认知）相冲突，学生难以深刻地理解其本质和存在的必要性。

2. 认知基础

在知识上，学生已经学习了实数的分类，清楚从自然数到实数的扩充过程，掌握了一元二次方程的解法，便于学生更好地认识复数；在方法上，学生已经具备类比、归纳、抽象等研究问题的经验方法，这为本节课采用"生成性"的教学方法奠定了基础；态度上，学生学习欲望强烈，能够积极思考、勇于探索。

（四）教学目标确定

了解数系的扩充史及引入复数的必要性，掌握复数的代数形式、复数的分类、实部、虚部等概念，理解并掌握复数相等的充要条件。

经历对复数的探究和研究过程，积累从特殊到一般、从具体到抽象的活动经验，提高类比思考、抽象概括能力；体会数系扩充的一般规律，感受数系扩充过程中理性思维的作用，发展数学抽象、逻辑推理素养。

（五）教学重点、难点分析

教学重点：数系扩充的必要性、虚数单位 i 的引进过程及复数的有关概念。

教学难点：实数系扩充到复数系的认识过程及其思维途径。

二、教学过程设计

（一）创设情境、激发思维冲突

问题1：若 x 和 y 满足 $x^2+y^2=6$，$xy=5$，则 $x+y$、x 和 y 的值分别为多少？

预设答案：由于 $(x+y)^2=x^2+y^2+2xy=16$，因此 $x+y=\pm 4$。由韦达定理知：x 和 y 是方程 $x^2-4x+5=0$ 或 $x^2+4x+5=0$ 的根，但 $\Delta=-4$，我们无法求解 x 和 y 的值。

追问：你认为 x 和 y 是否存在？为什么？

预设答案 a：看到 $x+y$ 是存在的，但 x 和 y 却没有实数解，又因为 $x+y=\pm 4$、$x^2+y^2=6$、$xy=5$ 的存在，使得我们没有理由说 x 和 y 无解。

预设答案 b：在求其差后，$(x-y)^2=x^2+y^2-2xy=-4$，所以实数范围内 x 和 y 是不存在的。

追问：还有其他方法说明 x 和 y 在实数范围内不存在吗？

预设答案：用形的方法——把方程转化为函数，继而转化为两个函数的交点，发现两个函数没有交点（有学生可以想到）。

设计意图：由熟悉的问题设计引入，使其产生冲突，既启发学生思考，又使学生联系新旧知识，引导学生自觉思考、体会数系扩充的必要性，为实数系扩充到复数系奠定基础。

(二) 类比建构、感受研究方法

教师：看来我们的实数"不够用"了，对于这种"数不够用"的情况，我们并不陌生，大家记得吗？从小学到现在，我们一直经历着"数不够用"和数系的不断扩充，现在就让我们来回顾一下，看看我们以前是怎么解决"数不够用"的问题的。

问题 2：你能举出一些数系不断扩充的例子及扩充的原因吗？见表 2.8.1。

表 2.8.1 数系的不断扩充及原因

数系	原因 1	原因 2	规律
自然数	计数		1. 实际需要、运算矛盾； 2. 引入新数解决问题，运算保持、运算律不变
整数	具有相反意义的量	减法在 **N** 中不能完全运算	
有理数	测量、分配	除法在 **Z** 中不能完全运算	
实数	单位正方形对角线长	开平方在 **Q** 中不能完全运算	

预设答案：学生通过实际问题描述一些数系扩充的例子（尽量多地让学生举例）。

追问：你认为每一次数系扩充的必要性是什么？从数系扩充的历史过程中你得到什么启发？

设计意图：通过学生讨论以及给学生介绍数学家引入"新数"的历

— 113 —

程，让学生了解数系扩充的过程，感受数学发生、发展的客观需求；帮助学生梳理已有知识，让学生明确新知识的"生长点"，感受新知识其实都是在原有知识上建构的；让学生沉浸在浓厚的数学文化氛围中，使得新知识的探索成为学生"修补"旧知识链的主动需求，为后续教学开展做好铺垫。

问题3：方程$x^2-4x+5=0$在实数范围内为什么没有解？你认为根本原因是什么？

设计意图：通过学生讨论，让学生认识到没有解的本质原因不是$\Delta=-4<0$，而是因为在实数范围内负数没有平方根；讨论归纳解决一个实数系一元二次方程$ax^2+bx+c=0$根的问题只需要解决$x^2=m$（$m<0$）的根的问题，再到只需要解决$x^2=-1$的根的问题。

追问：方程$x^2=-1$在实数范围内为什么没有解，你能想个办法，引入一个量，使其解能表示出来吗？你用什么样的方法思考解决这个问题？

设计意图：对以往经验的挖掘也符合学生的认知基础，能体验探究方法，实现思维的提升，人们认识问题大多都是从具体到抽象，具体的研究清楚了，抽象的就不难了，同时这样有利于学生规划对新知识的探索路径。

追问："实数不够用"冲突的焦点是什么？

预设答案a：一个负数没办法开平方，所以要引入新数，使平方为负数；

预设答案b：可以添加新数，使新数的平方为-1。

师生共同活动：引入一个新数i，把i叫作虚数单位，并且规定$i^2=-1$，所以$x^2=-1$的解为$x=\pm i$。

追问：要使i与其他实数建立联系，我们还应该有什么样的规定？

预设答案：实数可以与i进行四则运算，在进行四则运算时，原有的加法与乘法的运算律（交换律、结合律和分配律）依然成立。对实数集进行扩充，并且添加新数后新数集中的加法和乘法运算，与实数集中的加法和乘法运算协调一致，并且运算律保持不变。

设计意图：有利于学生对抽象数学概念的理解，人们发现在实数范围内仍然无法完全解决代数方程根的问题,必须引入新的"数"(这就是概念产生的必要性)。这时,鼓励学生积极思考,并肯定学生的思维结果,由此自然地引入"虚数单位",展现知识形成和发展的过程,为学生提供感受和体验的机会,激发学习兴趣,培养学生的抽象概括能力。

追问:通过解方程 $x^2-4x+5=0$,实系数的一元二次方程 $ax^2+bx+c=0$ 的解你都能表示出来吗?为什么?

设计意图:尊重知识的发生、发展规律,尊重学生的认知规律,尽量把问题抛给学生,让学生自主设计方法,总结数系扩充的一般"规则",形成研究问题的一般方法和"套路",从而培养学生的探究习惯,发展学生的理性思维。在学习过程中,让学生认识到数学中的复杂问题都可以通过转化与化归的方法将其简化,培养学生抽象归纳问题、聚焦问题的能力。通过数的发展历史,抓住知识的"生长点"和学生的"最近发展区",使学生了解数的产生以及数系的不断扩充是基于两方面原因,即社会生产实践的需要和数学自身发展的需要。

数的扩充及与原数的关系见表 2.8.2。

表 2.8.2 数的扩充及与原数的关系

数的扩充	冲突的焦点	引入的量	与原数的关系
自然数整数	正数的相反数	负数	负数的相反数为正数
整数有理数	除法运算不能整除	分数	分数的分子分母为整数
有理数实数	开方开不尽	无理数	无理数的 n 次方是实数
实数	?	?	?

(三)数学文化、体会数的发展

问题4:你知道复数引入的历史吗?

历史重现:在历史上引入复数可没那么简单。第一次认真讨论复数的是文艺复兴时期意大利有名的数学"怪杰"卡丹,他是1545年开始讨论这种数的,当时复数被他称作"诡辩量"。几乎过了100年,到1637年笛卡尔才给这种"虚幻之数"取了一个名字——虚数。又过了140年,欧拉还是说这种数只是存在于"幻想之中",并用 i(imaginary,即虚幻的缩写）来表示它的单位。1830年，高斯详细论述了用直角坐标系的复平面上的点表示复数 $a+bi$，使复数有了立足之地，人们才最终承认了复数。数学家们碰到这个问题的时候一开始是解决不了的，导致在此问题上徘徊了几百年之久，直到18世纪末，数学家才认识到解决 $x^2=-1$ 的重要性，于是他们就像我们一样引入新的数，使得引入数的平方等于 -1，并把这个数记为英文字母 i，就是虚构、想象的意思。

复数应用非常广泛，由它所创造的复变函数理论，已成为解决电磁理论、航空理论、原子能及核物理等尖端科学的数学工具。

设计意图：有意识地把数系扩充的文化引入课堂。让学生进一步感受虚数产生的过程和必要性，通过展示科学家们的争论和最终被接受的过程，让学生体会数学发展的漫长和艰辛，突出数学的文化价值，体现新课标"以德树人""数学育人"的理念。

(四) 抽象概括、归纳复数的概念

问题5：把新引进的数 i 添加到实数集中后，形成复数集，复数集由哪些元素构成？

追问：怎样得到所有的复数？

预设学生回答 a：由于实数可以与 i 进行四则运算，且满足所有的运算律，因此可以进行加减乘除运算。

预设学生回答 b：归纳概括为 ai，bi，$a+bi$，$b+ai$，$ab+bi$，$ab+ai$（引导学生观察得到以上这些数都可以看成"实数+实数×i"）。

设计意图：教学中不急于把结论抛给学生，而是结合多个具体的例子，增加供归纳的样本，让学生亲历由具体到抽象、从特殊到一般的探究归纳过程，逐步概括复数的特点，学生通过充分的思考和探究，发现关系，并对结论进行理性思考，从中学习解决问题的一般方法。

追问：大家得到的这些数可以归纳概括为什么形式？

师生总结：所有"实数+实数×i"形式的都应该在新的数集中，并且新的数集中的数都可以写成这种形式，我们不妨把这种形式写成 $a+bi$ ($a\in \mathbf{R}$, $b\in \mathbf{R}$)，这就是我们把实数集进行扩充后得到的数所具有的一般形式。

设计意图：鼓励学生进行探究，并用自己的语言进行表述，用符号进行抽象，充分展现学生的思维，鼓励学生对出现的不同结论进行探讨，归纳一致的意见。这样有利于培养学生的探究习惯，发展学生的理性思维。

追问：你能写出新数集的集合吗？

答：形如 $a+bi$ ($a\in \mathbf{R}$，$b\in \mathbf{R}$) 的数叫作复数，用字母 z 表示，其中 a 叫作复数的实部，b 叫作复数的虚部，i 称为虚数单位，所有复数组成的集合叫作复数集，记为 $\mathbf{C}$，即 $\mathbf{C}=\{a+bi\,|\,a\in\mathbf{R},b\in\mathbf{R}\}$。那么，我们现在就把实数集扩充到了复数集，而负数也就可以开平方了。

追问：判断 $2i+3i^2$ 是复数吗？如果是，它的实部是什么？虚部是什么？

设计意图：类比自然数到实数不断扩充过程中所遵循的规则，根据"运算"和"运算律"引导学生由一般到特殊，抽象概括出复数的代数形式和复数集，让学生体会数系扩充过程中理性思维的作用，以及数学形式化、符号化的过程，突破本节课的难点，提升学生的逻辑推理、抽象概括素养。

（五）抓住联系、深化本质特征

问题6：复数集和实数集有什么关系？

教师：既然实数集是复数集的真子集，那么复数 $z=a+bi$（$a\in\mathbf{R}$，$b\in\mathbf{R}$）在什么条件下为实数呢？（引出复数的分类）

$$\text{复数}\ z\begin{cases}\text{实数}(b=0)\\ \text{虚数}(b\ne 0)\text{（当}a=0\text{时为纯虚数）}\end{cases}$$

设计意图：引导学生弄清楚复数集和实数集之间的关系以及复数的分类，深化学生对复数集是实数集的"扩充"以及对复数的理解，符合学生认知心理学规律，有利于促进知识迁移、激发学生的学习积极性，进而提高学习效率。

追问：这些复数集有特殊元素吗？什么是虚数和纯虚数？试举出具体例子。复数可以是零吗？什么时候为零？

设计意图：在学生思考和讨论之后，通过对实部、虚部取值情况的分析，帮助学生掌握复数集的分类；引导学生由一般到特殊，研究一个集合就要清楚其中的特殊元素，从特殊元素的概念增强对一般式的理解，让学生对数的发展有一个完整的认识；梳理数系扩充的过程，强化一类问题的研究的思路和方法。

追问：你认为两个复数 z_1、z_2 之间会有什么关系？怎么研究这些关系？

预设学生回答：$z_1 < z_2$，$z_1 = z_2$，$z_1 > z_2$。

教师：我们规定两个不全为实数的复数只能说相等与不相等，无法比较大小（为什么有这个规定？感兴趣的同学课下思考）。请同学们思考：$a+bi$ 什么时候等于0？（$a=0$ 且 $b=0$，由此得出两个复数相等的充要条件）

追问：如何根据上面的结论推导出两个复数 $a+bi$ 与 $c+di$ 相等的充要条件？

总结：$a+bi = c+di \Leftrightarrow a=c$ 且 $b=d$。

设计意图：研究完复数的分类、复数自身的特殊性，就要研究两个复数的关系，即"等"和"不等"的关系，自然就有两个复数相等和不等的概念，也得到虚数不能比较大小的结论，这揭示了研究问题的一般规律，让学生感受到问题是自然而生的，而不是人为强加的。

追问：$a+bi \Leftrightarrow (a, b)$，复数与一对有序实数一一对应，这个特征与你以前遇到过的什么数学知识类似？你认为我们下面要研究复数的什么性质？

设计意图：由复数相等的概念引导学生联想复数的形的特征，在与数的特征对比中，更利于学生从整体上，即从数和形两个角度认识一个新"数"，为下节课做准备。

（六）例题练习、强化新知应用

例1：当 m 取何实数时，复数 $z = m^2 - 1 + (m-1)i$ 是：
①实数；②虚数；③纯虚数。

例2：解关于 x 的方程 $2x^2 - 4x + 5 = 0$。

设计意图：例1主要是巩固复数的分类标准，加深学生对复数概念的理解；例2主要是强化 i 的作用，也强化解决复数问题时的转化思想，让学生在解决问题的过程中内化复数有关概念、本质内涵，起到及时反馈、学以致用的功效。

（七）反思小结、概括收获启发

通过本节课的学习，你有哪些收获？试从知识、方法、数学思想、研究经验等方面谈谈。

三、教学效果评价

教学后，对所教两个班的学生进行了访谈，并进行了问卷调查。

（一）调查问卷

问题 a：你能复述一下复数的概念吗？

问题 b：两个复数相等的充要条件是什么？

问题 c：我们为什么要引入复数？数系是如何扩充的？

（二）调查结果

调查结果见表 2.8.3。

表 2.8.3　调查结果　　　　　　　　　　　　（人）

问题	统计人数	正确	错误
a	80	72	8
b	80	69	11
c	80	52	28

（三）结果分析

90% 的学生能够用自己的语言来表述复数的概念，说明本节课通过实例抽象出概念的教学设计符合学生的认知能力和思维模式。86.25% 的学生能够理解两个复数相等的充要条件，但是有一部分学生仍然存在困难，需要在后续教学中帮助学生深刻理解。65% 的学生能够阐述数系的扩充过程，说明借助历史辅助教学起到了提高课堂教学效果和效率的作用。

四、教学设计特色

　　数学的知识体系中许多概念性知识的教学对学生的数学学习有着极其重要的作用，有些概念由于容易理解，有些概念由于远离生活或者较为抽象而相对晦涩难懂。对于后者，我们应采用"生成性"的教学方法，为抽象的数学概念提供生长的"土壤"，使学生能更为自然地理解并掌握它们，然而对于这些概念，我们往往很难找到生活实例来帮助学生理解，这时候，我们可以把眼光转向数学本身，许多数学概念的提出都伴随着数学历史的重大发展，数学历史可以说是概念生长的"天然土壤"，我们可以在教学中对数学历史多加利用，从而发挥数学史的教育价值。数学史能为学生学习抽象概念提供便利，并且能简化理解过程，深化理解程度。但是如何在课堂教学中利用好数学史呢？在课堂中引入数学史的目的是为了帮助学生消除心理距离，使学生能更好地理解抽象概念，但引入并不是重现，本节课对数学史的内容进行了筛选或者设计，很大程度上引导了学生对复数的理解。

案例九　卡方独立性检验教学设计分析

潞河中学　罗晓燕

一、教学内容及解析

（一）背景及内容解析

假设检验是统计学中非常重要的内容，在医学、生物学等多方面都有广泛的应用，是处理数据、推断结果的依据。假设检验有 z 检验、t 检验、卡方检验等，可以检验数据的大小是否变化、样本的百分比是否有所不同、数据是否服从某个特殊的分布以及两个变量之间是否独立等。

卡方检验有两个用途：第一，检验数据服从哪个特殊的分布；第二，检验两个变量是否独立。本案例以卡方独立性检验为依据初步涉猎假设检验的基本思想和基本知识。在假设检验之前首先要有个初步判断，根据数据先假定无变化无差异，即在原假设中设变量是相互独立的，在独立的条件下，判断数据期望值与观测值之间的差异，差异过大则说明原假设不成立，即变量不独立，差异较小则说明原假设成立，即变量相互独立。

在对比数据的差异性时，类比方差的计算方法，将每组数据的观测值和期望值的差平方之后做和求平均值，求整组数据的平均距离，为了抵消单位对数据的影响，引入了标准，即定义 $\chi^2 = \sum\limits_{i=1}^{n} \dfrac{(O-E)^2}{E}$。其中，$O$ 为观测值；E 为期望值。经验证随机变量服从 χ^2 分布。

教材仅讨论随机变量有两个结果的检验，即 2×2 列联表的独立性检验，也就是自由度为 1 的 χ^2 检验。

（二）教学设计的出发点

这部分知识是教材中新添加的内容，学生没有接触过假设检验的思想，因此教学设计的出发点是让学生初步了解假设检验的基本思想，熟悉假设检验的基本步骤，能根据小概率推断结果，目的是培养学生假设检验的思想和能力，理解假设检验的作用和思想依据，为未来数据分析和处理做好准备，让学生充分体会统计学的作用。

假设检验的结论与小概率 α 的选择有很大关系，通过一组数据讨论如何判断两个变量是独立的或者相关的，从实际出发体会数学在解决问题过程中的作用。引入 χ^2 分布的图象，了解数据的分布特点，使问题更直观，在进行检验时也能更快速准确地得到结论。

（三）学生分析

1. 学生已有知识储备

学生学习过正态分布，了解随机变量密度函数图象的特点，了解曲线下方与横轴围成的面积表示概率。学生没有学习过假设检验的思想方法，遇到通过数据推断结果的问题仅能凭直观去感觉，不能理性地进行判断，也不知道如何进行数据处理。

2. 学生已有能力

学生掌握了正态分布的特征，能判断区间概率与面积之间的关系。学生能根据表格初步判断两个变量的结果是否相互影响，有一定假设判断的思想基础。

3. 学生可能的困难

对 χ^2 分布图象的理解不够深刻，尤其是涉及自由度方面，虽然教材中只考虑自由度为 1 的 χ^2 分布，但为了加深学生的理解，此处需要简单介绍自由度对分布的影响；对小概率 α 的理解存在困难，α 是在原假设正确的条件下拒绝原假设的概率，也就是在假定两个随机变量独立的条件下得到不独立结论的概率；当求出 χ^2 值后，与临界值做比较，学生在理解拒绝原假设和不能拒绝原假设上有困难。

4. 学生学习的兴趣、积极性、学习习惯

这部分知识与实际生活联系密切,与将来的工作也可能有很大关系,在讲课之前做好思想动员,学生学习的积极性会有所提高。

(四)教学目标确定

通过 2×2 列联表了解 χ^2 计算公式的由来,并能根据任意 2×2 列联表推导 χ^2 公式。

通过图形计算器作图,了解自由度为 1 的 χ^2 分布图象,并根据小概率 α 查表得到临界值,能根据图象理解 χ^2 值与临界值的大小关系决定了是否判断原假设成立,也就是两个变量是否独立。

通过 χ^2 独立性检验,初步掌握假设检验的逻辑关系以及步骤,能够根据 2×2 列联表判断两个随机变量的独立性。

理解小概率 α 的选择对结论有影响,同一组数据不同的 α 也会得到截然相反的结论。

(五)教学重点、难点分析

教学重点:假设检验的思想方法。

教学难点:临界值与 χ^2 值的大小与是否拒绝原假设之间的关系。

二、教学过程分析

根据 χ^2 检验的特征与用途,将本节的教学分为三个过程。

(一)创设问题情境,产生冲突,引入 χ^2 检验的必要性

问题1:为比较甲、乙两所学校学生的数学水平,采用简单随机抽样的方法抽取 88 名学生。通过测验得到了下列数据:甲校 43 名学生中有 10 名数学成绩优秀;乙校 45 名学生中有 7 名数学成绩优秀。试分析两校学生中数学成绩优秀率之间是否存在差异。

学生通过已有知识,对比两个学校的优秀率,发现甲乙两校的优秀率分别是 $\frac{10}{43} \approx 23.26\%$ 和 $\frac{7}{45} \approx 15.56\%$。根据结果,一部分学生认为数值差是

7.7%，相差不大，所以两校优秀率无差别；还有一部分学生认为两校优秀率的差占乙校的 50%，因此认为两校优秀率有差别。此时产生冲突，"如何做出判断，做出判断的依据是什么" 成为学生讨论的焦点。

(二) 新知探究，学习相关内容

将实际问题抽象成数学问题，两个学校的优秀率是否相同也就是优秀率与学校是否有关，引入假设检验中的零假设 H_0，在假设检验中 H_0 均代表没有变化没有差异，在 χ^2 检验中 H_0 代表两个变量独立，即没有关系。

在零假设 H_0 成立的条件下，变量取值的理论值也就是期望值与实际观测值之间应该差异不大。如何衡量这种差异？引导学生类比方差的思考方式得到（观测值 – 期望值）^{2} 可以衡量它们之间的差别，为了消除单位的影响再除以期望值，最后求和得到新的随机变量，记为 $\chi^2 = \sum_{i=1}^{4} \frac{(O-E)^2}{E}$。

这是一个不同于正态分布的连续型随机变量，该随机变量性质的研究在此处没有做深入探讨，但是从教学经验上看，将其图象给出，并结合图象做假设检验会使抽象的问题直观化，有利于学生理解。因此将 χ^2 的图象特征通过 GeoGebra 作图软件进行展示，观察自由度对图象的影响。因为教材中仅涉及 2×2 列联表中变量的独立性，所以此处重点强调自由度为 1 的 χ^2 分布的图象特征，见表 2.9.1。

表 2.9.1　图象特征

X	Y		合计
	$Y=0$	$Y=1$	
$X=0$	a	b	$a+b$
$X=1$	c	d	$c+d$
合计	$a+c$	$b+d$	$n=a+b+c+d$

由 2×2 列联表计算出期望值，通过 χ^2 的公式化简得到 $\chi^2 = \frac{n(ad-bc)^2}{(a+b)(c+d)(a+c)(b+d)}$，对比 χ^2 的定义式，公式使得计算量下降，学生也更容易操作。

假定零假设 H_0 成立，即 X 与 Y 独立，满足 $P(Y=1 \mid X=0) = P$

$(Y=1 \mid X=1)$，则应有 $\dfrac{b}{a+b} \approx \dfrac{d}{c+d}$，即 $ad-bc \approx 0$。因此 χ^2 的值越接近于零，越能说明两个变量相互独立；χ^2 的值越大，两个变量不独立的可能性就越大。此时出现一个问题，χ^2 的值多大时可以看作是足够大，推出两个变量不独立的结论呢？此时给学生设置疑问，理解设置标准的重要性。

此处引入小概率 α 的概念，在假定原假设成立的条件下拒绝原假设的概率，即假定两个变量相互独立，我们错误地认为两个变量不独立的概率，即犯错误的概率。从图象看，图象右侧区域面积为 α（见图 2.9.1 阴影）。而阴影部分的左侧边界值被称为临界值 x_α，它就是假设检验结论的标准，当观测值小于临界值时，我们认为没有足够的证据拒绝原假设，即得到两个变量相互独立的结论。当观测值大于临界值时，拒绝原假设，得到两个变量相互独立，而犯错误的概率不超过 α。

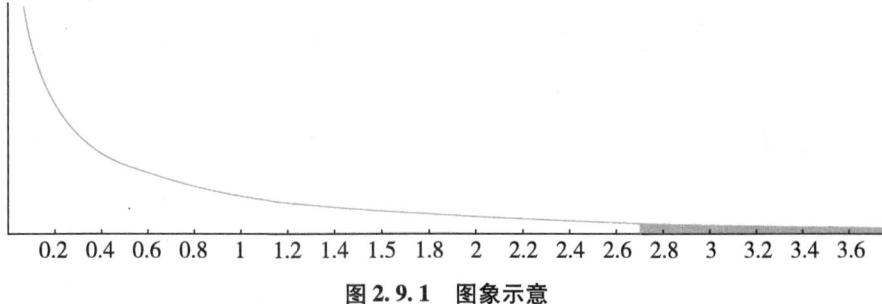

图 2.9.1　图象示意

所以假设检验标准的选择，与犯错误的概率有关系，如果我们不想错误地拒绝原假设，就选择较小的 α，相应的临界值也就变大，相同的 χ^2 值更不容易拒绝原假设。

(三) 应用知识解决问题

根据以上分析，利用已知数据建立 2×2 列联表，计算得到 $\chi^2 = 0.837$。如果选择犯错误的概率 $\alpha = 0.1$，通过查表可知临界值为 $x_{0.1} = 2.706$，由 $0.837 < 2.706$ 可知，根据小概率值 $\alpha = 0.1$ 的 χ^2 独立性检验，没有充分证据推断 H_0 不成立，因此可以认为 H_0 成立，即两校的数学成绩优秀率没有差异。这样从理论上推断出的结果，不再带有主观性，更加客观。并且根据 χ^2 值很小，可以更加确定两个变量无关。

在这个学习过程中，通过实例发现，无法区别两个学校优秀率数值上的差别是因为样本的抽取引起的，还是因为学校的教学质量引起的，两种解释产生了矛盾，所以引入了假设检验，从理论上解决这个问题。

根据问题2探究小概率α对结论的影响。

问题2：某儿童医院用甲、乙两种疗法治疗小儿消化不良。采用有放回简单随机抽样的方法对治疗情况进行检查，得到了下列数据：抽到接受甲种疗法的患儿67名，其中未治愈15名，治愈52名；抽到接受乙种疗法的患儿69名，其中未治愈6名，治愈63名。

①试根据小概率值$\alpha=0.05$的独立性检验，分析乙种疗法的效果是否比甲种疗法好。

②试根据小概率值$\alpha=0.005$的独立性检验，分析乙种疗法的效果是否比甲种疗法好。

通过计算得到该组数据的$\chi^2 \approx 4.881$，两个临界值分别为$x_{0.05}=3.841$和$x_{0.005}=7.879$，而$\chi^2 > x_{0.05}$，但是$\chi^2 < x_{0.005}$，所以得到两个不同的结论。因此是否拒绝原假设，与小概率值的选择有很大关系，假设检验中的一个重要因素就是选择α，它的大小影响了结论的推断。

三、教学反思

（一）教学目标的合理性

这一部分的重点不是计算而是统计思想，培养学生的数学抽象、逻辑推理和数据分析的能力。在方法上，通过实例中对结果不同的解读得到矛盾的两个结论，引导学生思考如何制定标准，培养学生发现问题、分析问题和解决问题的能力。

（二）教学目标达成情况

本节课基本完成了教学目标，学生能够通过2×2列联表得到χ^2的值，并与临界值进行比较，来决定是否拒绝原假设。在此处需要强调小概率α的大小对推断结论的影响。本节课的难点是学生对问题的理解，就是在假定原假设成立的条件下，当χ^2的值大于临界值时拒绝原假设背后的逻辑关系，需要学生在不断探究中巩固理解。

案例十　复数的乘、除运算教学设计分析

潞河中学　罗晓燕

一、教学内容及解析

（一）教学内容解析

1. 教材横向比较

该部分是《高中数学人教 A 版（2019）必修二》第七章的内容，是《高中数学人教 B 版（2019）必修四》第十章的内容，也是《高中数学人教版 2007 版选修 1-2》第三章的内容。这三本教材在这部分的知识走向和逻辑链相同，都是在理解复数的代数表示及其几何意义的基础上，研究复数的加减乘除运算，将数的运算扩充到全体复数集，也为用复数解决实际问题带来了可能性。

2. 教材纵向比较

数的拓展从正整数，到分数、负数、无理数，再到复数，使得数集从正整数集，到有理数集，到实数集，最后拓展到了复数集，随着数集不断完善，可以解决的问题也逐渐增多，数的运算也随着拓展。

3. 内容的本质

复数的四则运算为复数与复数之间的关系建立了桥梁，复数是对实数集的扩充，复数的运算也要与实数的四则运算法则一致。复数的加减运算法则的规定满足了实数运算法则，同时也满足了加减法运算律。随后对复

数的乘除运算进一步研究，如果类比复数加减法的运算法则，定义复数的乘法，会得到与实数乘法相矛盾的运算，因此不能这样进行定义。复数的形式与多项式的形式相似，类比多项式的乘法运算定义复数的乘法的运算法则，并应用 $i^2 = -1$ 把复数的积化为标准形式。类比多项式乘法满足交换律、结合律和乘法对加法的分配律，复数的这种乘法定义形式也满足这三种定律。

4. 内容蕴含的数学思想和方法

研究复数的乘除运算时，采用了类比的思想方法，类比复数的加减法，发现问题再进一步解决问题。类比多项式的运算法则，得到复数加减乘的运算法则，再类比分母为无理数分式的分母有理化过程得到复数除法的运算法则。在探究复数的除法是乘法的逆运算时采用了代数和转化的思想方法。

5. 知识的上下位关系

复数的四则运算是对复数研究的延续，是探究复数与复数关系的必要工具。复数的加法及其几何含义是基础，根据减法是加法的逆运算得到复数的减法及其几何含义。复数的乘法在定义时是对复数运算的延续，而复数的除法是乘法的逆运算，为了凸显这种逆运算关系，先用待定系数法将除法运算转化为乘法运算，证明逆运算关系的存在性。

6. 育人价值

在探讨复数乘、除法的运算法则的过程中，不断通过类比启发学生利用已学过的研究方法探究新问题，培养学生逻辑推理的核心素养，在运算中提高学生的数学运算素养。在复数的乘法运算中，通过定义实部与实部相乘为复数的实部、虚部与虚部相乘为复数的虚部，引导学生发现与实数运算不一致的问题，运用实数运算的基本知识和运算中的基本思想解决矛盾，并在这一过程中培养学生发现问题、提出问题、分析问题和解决问题的能力。

(二) 教学设计的出发点

复数加减法的原则是实部和实部相加得到复数的实部，虚部和虚部相加得到复数的虚部。在探讨复数的乘法法则时,部分学生有可能类比加减法的运算法则,定义实部和实部相乘得到实部、虚部和虚部相乘得到虚部。在此基础上,引导学生思考运算的可行性,从运算的封闭性、结合律和单位元等角度分析,给学生渗透"群"的思想,培养学生的创造能力、逻辑思维能力、迁移能力以及发现问题、分析问题和解决问题的能力。

(三) 学生情况

1. 学生已有知识和技能

学生已经学习了数系的扩充和复数的概念,并且能对复数进行加减运算。在初中课程中,学生已经学习了多项式的加减法和乘法,还有无理数分母的有理化,这些都为今天学习复数的乘法和除法提供了支持。通过复数与其共轭复数的积为实数,实现分母实数化,把复杂的分式化为实部加虚部的复数形式,进而完成了复数的除法。在必修2第六章已经学习了向量的加减法及其几何含义,类比其特点,学生在理解复数的几何含义时也会有理可依。

2. 学生已有生活经验和学习经验

学生掌握了复数的加减法运算,熟练掌握了多项式的乘法,理解了复数由实部加虚部两部分组成,所以在复数乘、除法中,学生计算后也要将结果分为实部和虚部两部分,因此在乘法运算中利用 $i^2 = -1$,在除法运算中利用分母实数化,最终把复杂的表达形式化为复数的标准形式,完成了乘、除法运算。

3. 学生学习该内容可能遇到的困难

第一,对于复数的乘法,基础好的同学可能会类比复数的加减法运算,定义实部的乘积为实部、虚部的乘积为虚部,针对这种问题,需要引导学生发现这样的定义有悖于之前的知识,进而引导学生发现乘法的正确定义方法;第二,对于复数的除法,作为乘法的逆运算,通过解方程可以得到,但是当用分母有理化的方式求除法时,分母的有理化便会成为学习的焦点和难点。

4. 学生学习的兴趣、积极性、学习习惯

本班学生大部分能够主动思考、认真学习、积极参与课堂教学，在课上他们能做到主动探究，能对教师给出的建议有效地做出反应，并利用严谨的逻辑思维研究问题。

（四）教学目标

通过类比复数的加减法以及多项式的乘法运算规律，探究复数乘法的定义方式，体会复数乘法的运算规律与多项式乘法运算规律的联系，理解复数乘法定义的合理性，培养学生用已有知识和方法解决未知问题的能力。通过体验复数乘法的逆运算以及分母有理化的过程，让学生了解并掌握复数代数形式的除法运算法则，体会数学中逻辑推理的思想方法，培养学生数学运算的核心素养。

首先分组讨论如何定义复数乘法，利用特殊数值和一般表达式两种方式进行验证；其次针对复数的除法，先根据除法是乘法的逆运算得到除法定义的合理性，再分析得到除法即为分母有理化的方法，引导学生发现问题、分析问题和解决问题，培养学生的逻辑推理能力。

通过学生自主探究复数乘法的定义方式，培养学生的创新能力，使学生在遇到问题时不畏艰难、勇于探究、大胆猜想、细心推导，并攻克难关。

（五）教学重点、难点分析

重点：复数代数形式的乘法运算。

难点：对复数乘除法运算的理解。

二、教学活动过程

（一）数学情境，自然引入

首先通过复习复数的加法法则和减法法则：两个复数相加（减）就是实部与实部、虚部与虚部分别相加（减）。探究复数乘法的定义。学生通过下面问题自主研究如何定义复数的乘法。

案例十 复数的乘、除运算教学设计分析

问题：设 $z_1 = a + bi$，$z_2 = c + di$ （a、b、c、$d \in \mathbf{R}$）是任意两个复数，那么我们如何合理地定义复数的乘法？

学生分组讨论，提示类比前面学习过的知识以及运算法则。有的同学可能会类比复数的加减法，定义复数的乘法为 $z_1 z_2 = (a+bi)(c+di) = ac + bdi$。鼓励学生在分组讨论该定义是否合理时，要考虑运算的封闭性、单位元等，还要考虑复数是实数集的拓展，则复数的运算需与实数的运算保持一致。引导学生利用特殊值法验证该定义的合理性。

①设 $z_1 = 1 + i$，$z_2 = 1 + i$，根据上面的定义那么 $z_1 z_2 = 1 + i$。由上式知，$z_1 = z_2 = z_1 z_2$，即 z_1，z_2 是方程 $z^2 = z$ 的解，而该方程的解为实数 0 或 1，存在矛盾，所以这种定义复数乘法的方式不妥。

②设 $z_1 = 1$，$z_2 = 2 + 3i$，那么 $z_1 z_2 = 2$，而根据乘法定义任何数乘以 1，数值都不变，这与之前定义的乘法运算相矛盾，所以不能在实数集拓展到复数集的基础上，把实数的乘法也拓展过来，因此这样定义复数的乘法不合理。

学生通过冲突发现不能这样定义复数的乘法，在这个过程中，引导学生利用基础知识、基本思想和基本活动经验，探究新问题，激发学生的探究意识，培养学生创新能力。

通过追问还可以怎样定义复数的乘法，引导学生进一步思考，运用已有知识探究新问题。学生根据多项式 $(a+bx)(c+dx)$ 的运算方式，计算得到 $z_1 z_2 = (a+bi)(c+di) = ac + adi + bci + bdi^2$，在形式上依然不是复数。在此启发学生去根据复数的特征发现可以解决的方法，通过 $i^2 = 1$ 将上式化成两个实数和两项纯虚数的和，再根据类比多项式合并同类项的法则，将复数的乘积化为实部加虚部的形式，满足复数乘以复数依然是复数，满足乘法的封闭性，即 $z_1 z_2 = (a+bi)(c+di) = ac + adi + bci + bd i^2 = ac - bd + (ad + bc)i$。

多项式与复数的表示形式相近，类比多项式的乘法探究复数的乘法。当出现 i^2 时，引导学生发现问题并解决问题，回归复数的本源，将其化为 -1，虚数变为实数后，问题便迎刃而解。

复数作为实数的扩充，复数的运算法则也应适用于实数，通过提问：

这样定义的复数乘法与实数的乘法是否一致？引导学生根据复数与实数的关系，推断得出：当 $b=d=0$，$z_1z_2 = (a+bi)(c+di) = ac$ 成立！

在研究问题时，允许学生进行大胆猜想、小心验证、缜密推理、严谨思维，在遇到新颖的问题时，用数学方法尝试解决，做到变化的是问题，不变的是解决问题的思维方法。

（二）形成法则，构建体系

给出复数乘法运算规则：设 $z_1 = a+bi$，$z_2 = c+di$（a、b、c、$d \in \mathbf{R}$）是任意两个复数，那么它们的积 $z_1z_2 = (a+bi)(c+di) = ac-bd+(ad+bc)i$。并根据一般表达式证明复数的乘法满足交换律、结合律以及乘法对加法的分配律，使得数系的扩充在乘法上得以延续。

（三）顺势而行，探索新知

问题：乘法运算的逆运算是除法，设 $z_1 = a+bi$，$z_2 = c+di$（a、b、c、$d \in \mathbf{R}$，$c+di \neq 0$）是任意两个复数，对比复数乘法的定义方法，那么我们如何合理地定义复数的除法？

学生思考、分组讨论。老师补充完善：向量的数量积的特点是两个向量的数量积是常数，不再是向量，所以向量的数量积运算不具有封闭性，所以其数量积的逆运算不存在。同时根据 $(1-i)(1+2i) = 3+i$，对比实数的除法，我们可以定义 $(3+i) \div (1-i) = 1+2i$，所以复数的乘法的逆运算是存在的，定义为除法。再从待定系数法和分母实数化两个思路进行求解，进一步验证了复数除法的有效性。

三、教学反思

（一）教学目标的合理性

在方法上，本节没有直接给出乘法的运算法则，而是让学生自主探究如何定义复数的乘法更合理，在发现冲突后转换讨论方法，这对培养学生的逻辑思维能力以及严谨性很重要，学生对于一个新的数学的运算规则不仅要做到知其然还要知其所以然。在内容上，复数的乘除法运算易于掌握，配合乘除法的运算练习，训练了学生的数学运算能力。

(二) 教学目标达成情况

本节课基本完成了教学目标，数学能力强的同学通过代入特殊值判断自己所定义的复数乘法的合理性，并进行了修正，数学能力较弱的同学则在老师的引导下通过类比多项式的乘法运算法则得到了正确的复数乘法的运算法则，并且在课上练习中发现大部分同学能正确使用运算法则得到正确结果。

(三) 教学中重要现象和问题的深度分析

在小组讨论时，基础很弱的同学无法与同学进行讨论并定义复数的乘法，最根本的问题是学生在平时的学习中，大部分是模仿解题思路和方法，创新问题做得较少，这部分学生在学习中还处于初级阶段，暂时没能上升到独立创新的程度。

案例十一 回归根本
再探要素教学设计分析

潞河中学 张如意

一、教学背景分析

(一) 本节课的设计理念

著名教育学家布鲁纳说过:"知识的获得是一个主动过程。学习者不应该是信息的被动接受者,而应是知识获取的主动参与者。"《数学课程标准(2017年版)》提出数学教育要以有利于学生的全面发展为中心,以提供有价值的数学和倡导有意义的学习方式为基本点。教师备课应依据课程标准、教学内容和学生的实际情况,充分考虑育人要求,设计相应的教学活动。本节课的设计正是以此为理念,在整个授课过程中努力体现立德树人的基本原则,充分体现学生的主体地位,让学生在参与获取知识和能力的全过程中,亲身体验知识的发生和发展过程。在解决认知的冲突中,激发学生学习数学的兴趣,提高学生热爱祖国、乐于为国家建设奉献的精神,培养学生主动构建数学知识结构和自觉运用数学的意识和能力。

(二) 本节课教学内容的地位、作用

学生在高一期中前系统学习了集合与函数、函数的性质、基本初等函数等,对函数的基本体系内容有了大致了解,对研究函数的基本方法有了一定把握。函数是高中数学的一条主线,是贯穿高中数学的灵魂,深刻理解函数的基本概念性质,对后续学习三角函数、数列、不等式、解析几何等会起到积极的促进作用,就解决实际生活中的各类问题而言,函数方法也是最有效的手段,如变量研究、函数拟合、估值计算等。所有这些都是基于函数的概念,即函数的三要素基础之上的,所以正确理解三要素是学好函数的根本。在日常的教学中,我们习惯于由"给定函数解析式来求函数的定义域与值域",或是"给定函数的定义域与解析式来求函数的值域"等。本节课我们逆向而为,提出"如果给定定义域、值域,如何来求解函数的解析式"?尝试让学生在新背景情境下,开展问题的探究,进一步提升对函数三要素的理解,希望引导学生学习数学要学会回归根本,要善于揭示本质。通过对"函数之根"的研究,会呈现许多变化之美、简洁之美、对称之美,是对学生进行美育的最好资源。在本节课中,知识与能力的培养是按照螺旋式上升的模式和循序渐进的思维过程安排的。《高考大纲》中指出,本节内容属于"掌握"的层次要求。在数学课程中,重视函数三要素的教学已成为必然。

(三) 学情分析

新课程的教学理念的核心是"以人为本",强调"以学生发展为核心"。因此要求教师在备课时,不仅要熟悉教材、研究教材,更要深入了解和掌握学生的学情,弄清在本节课的学习过程中,学生存在哪些知识、思维、能力上的认知冲突,这样教师才能在学生的"最近发展区"内做好做足文章,教学才更具有针对性和时效性,教学效果才能突出。在本节课的教学中,通过对学生作业情况统计、期中检测成绩分析、找部分学生访谈,发现学生对于函数知识的整体把握能力不足,结合日常教学中亲身感受,学生自主应用研究函数的方法还不够熟练,主动提出问题并解决问题的习惯还未形成。学生刚刚学完函数的基本知识,已经能够对函数内容做深层次的探究,同时高一学生刚入学,学习的积极性很高,乐于与教师一起分享探索的信心,这些都为本节课顺利完成提供了知识和方法的保障,同时学生也会借助已有的学习经验,进一步体会函数问题的基本研究过程。

本节课由于抽象推理要求比较高,逆向的思维方式在平时遇到较少。对于高一新生来说,积极地提出问题、开放式地解决问题、不断地利用函数图象进行变换和转化,属于能力要求的较高层次,学生在学习时会遇到思维障碍,而且探索问题中学生必会遇到计算量明显加大的问题和字母讨论等运算问题,这是对学生心理与思维的极大考验。

(四) 教学重点、难点分析

本节课的学习包括两个方面的内容:一是通过对函数三要素的常见问题分析,由学生复习归纳研究函数的基本策略,即"直观化、具体化、运算化、类比化",并且从中发现、归纳本节的主题,即由定义域、值域来确定函数的对应法则;二是利用研究函数的基本策略,给出一个具体事例,初步体会问题解决的方法,并且通过一些变式问题,引出学生与习惯问题的认知冲突,引导学生在新情境下,灵活应用已有经验与方法研究新问题。基于上述因素,确定了本节课的重点和难点如下。

教学重点:由定义域、值域求解函数解析式的方法。

教学难点:如何灵活应用知识与方法构建函数。

(五) 教学目标分析

根据上述教材分析和学情分析,结合学生已有的认知结构,为了突出重点、突破难点,确定本节课的三维教学目标如下。

通过具体问题的分析与解决,让学生体会三要素的含义及相互关系。

学生经历由定义域、值域求解对应法则的过程,进一步体验研究函数的基本策略方法。

在不断变式的问题解决过程中,培养学生提出问题并解决问题的能力。

利用不同情境,不断激发学生学习兴趣,提升思维品质,感受动手操作、自主学习、不断发现的探究过程。学生通过积极参与探究活动,体会函数的简洁对称之美,不断提升对函数的整体认知,逐步提高综合分析能力和计算能力,逐渐养成勤学严谨的学习习惯。

二、本节课的教学过程分析

(一) 创设情境，伏笔冲突

学生已经系统学习了函数的概念与表示、函数的基本性质、基本初等函数，通过作业和期中考试，我们发现同学们在整体认知函数的知识体系、灵活应用函数图象与性质等方面还存在不少问题，那我们应该采取什么对策呢？生活常识告诉我们，"万丈高楼平地起"全在于根基的坚固，对于函数学习中遇到的问题，我们也应该从源头抓起，深刻理解基本知识，梳理掌握学习方法。

函数之源在于函数的三要素，先看看我们已经能够解决哪些问题？解决这些问题的基本方法有哪些？

问题1：已知函数$f(x)=x^2-2x$，并且$x\in[-1,1]$，求函数$f(x)$的值域。

问题2：已知函数$f(x)=\log_3 x$的值域为$[-1,1]$，求函数$f(x)$的定义域。

请你分析两个问题并思考：

①研究函数的基本方法是什么？直观化、具体化、运算化、类比化；

②想想上面两个问题与三要素之间的关系，并推想下面我们该研究什么问题了？

师生活动：教师板书：本节课目标——已知定义域、值域，求函数的解析式。

设计意图：在具体问题求解中，引出本节课的目标，引导学生学会思考、学会提出问题。

(二) 变式问题，引出冲突

按照螺旋式上升的认知过程，由易到难，逐步引导学生展开探究。通过条件的增加或是减少，让学生认清引起认知冲突的关键点。

问题3：已知函数$f(x)$的定义域是$A=[-2,2]$，值域是$B=[-2,2]$，那么$f(x)$可以是_____。

案例十一　回归根本　再探要素教学设计分析

预设答案：$f(x)=x$，$f(x)=x^2-2$等。

要求：学生回答时是怎么思考的？方法是什么？与之前的问题有什么联系？

变式1——增加条件。

教师追问：如果增加下列条件，你打算怎样解决问题？

①函数是偶函数；

②函数中包含指数式；

③你打算增加什么条件？解决的思路方法是什么？

学生活动：相互交流完成，注意对条件包含指数式的讨论，发现学生优秀解法进行展示。

预设结果：$f(x)=a^x+b$，$f(x)=2^{x+a}+b$，$a=\sqrt{2+\sqrt{5}}$，$a=\log_2\frac{1+\sqrt{5}}{2}$。

教师活动：（导语）有位明星说：人生很简单，闭上眼，再睁开，一天就过去了；闭上眼，再也没有睁开，一辈子就过去了。所以看人生短暂，我们才需要努力探索，看人生简单，一切要从简单开始！

设计意图：引导学生理解并学会分析条件的变化是如何引起整个题目变化的，还要让学生敢于主动变化，将学习的主动权掌握在自己手里。

变式2——改变已知条件。

教师：对于问题3中的集合A、B做开闭处理，会出现多少种情况？我们取其中的三种情况，请大家完成：

①$A=(-2,2)$，$B=(-2,2)$；

②$A=[-2,2]$，$B=(-2,2)$；

③$A=(-2,2)$，$B=[-2,2]$。

学生活动：自主完成，依次将结果写到黑板上，并说出研究的方法，特别提醒同学们，将解决问题的过程说清楚，尤其是失败的探索经历！

设计意图：开闭区间的取到与取不到，是学生解决此类问题的难点，是引起思维冲突的好"点"，要给学生提供充足的时间与空间，开展探究活动。

预设：①方法：直观化分析，具体化、简单化，以直线对应的一次函数为例，类比学习。

②结果：a. $y=x$, $x\in(-2,2)$；

b. 用分段函数：$y=x$, $x\in(-2,2)$；$y=0$, $x=\pm 2$。

③利用图象表示出来即预设结果示意一，如图2.11.1所示。

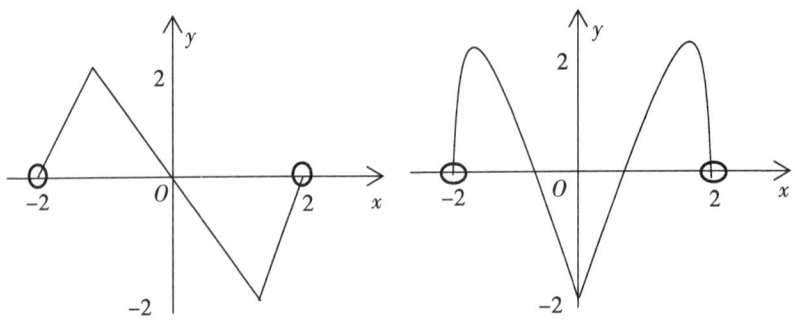

图2.11.1　预设结果示意一

注：根据情况，可以提示学生增加条件：奇偶性、单调性、包含具体函数等。

变式3——条件离散化。

问题4：已知函数$f(x)$的定义域是$A=[-2,2]$，值域是$B=\{-2,-1,0,1,2\}$，那么函数$f(x)$可以是_____。

预设结果示意二，如图2.11.2所示。

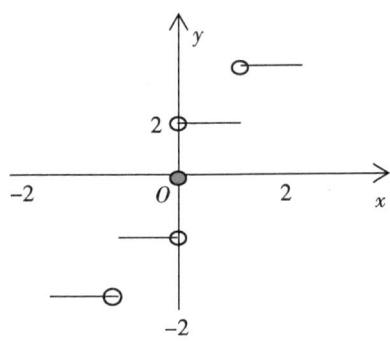

图2.11.2　预设结果示意二

此处是本节的难点，教师要组织学生开展充分的合作交流，要善于引导学生将前面的思路方法做梳理，将数形结合、分段函数等综合应用，先几何直观，再代数刻画，注意结合教材中的分段函数和高斯函数，问题就易于解决了。

变式4——条件无限化。

将问题3中的条件进一步改变，由局部扩展到无穷，引发学生的无限想象力，使学生的思维能力在冲突中提升。

问题5：①已知函数$f(x)$的定义域是$A=[-2,2]$，值域是$B=[-2,+\infty)$，那么函数$f(x)$可以是_____。

②已知函数$f(x)$的定义域是$A=(-\infty,+\infty)$，值域是$B=(-2,2)$，那么$f(x)$可以是_____。

预设结果：

① $f(x) = \begin{cases} \log_{\frac{1}{2}} x - 1 & 0 < x \leqslant 2 \\ 0 & x = 0 \\ \log_{\frac{1}{2}}(-x) - 1 & -2 \leqslant x < 0 \end{cases}$

或 $f(x) = \begin{cases} \log_{\frac{1}{2}}(x+2) & -2 < x \leqslant 2 \\ 0 & x = -2 \end{cases}$

② $f(x) = \begin{cases} 2^{x+1} - 2 & x \leqslant 0 \\ -2^{-x+1} + 2 & x > 0 \end{cases}$

师生活动：发挥小组合作探究的作用，发挥数学水平优秀学生的引领作用，带动更多的学生投入到解决"认知冲突"中。教师也要在巡视中，给出积极的指导和帮助。

设计意图：继续将研究的方法深化，引导学生体会数学中的"变与不变"问题，注意知识的联系性，在知识的交汇点处往往也是易于产生冲突和解决冲突的地方。还可以鼓励学生们继续提出精彩问题，时间如果不够，可以留作课下的探究任务。

（三）梳理方法，小结归纳

本节课目标：本节课的经历；研究方法有哪些？

针对本节课的学习，谈谈你的收获。

教师寄语：蝴蝶效应与数学学习的意志品质。

三、教学反思

数学课要引领学生通过数学知识的学习，在逐步培养抽象、推理、想象、创造等能力的过程中落实数学核心素养这一根本目标。在参与观察、实验、猜想、证明等活动中，培养学生发现问题、提出问题、分析问题、解决问题的科学探究能力，使学生养成认真勤奋、独立思考、合作交流、反思质疑的学习习惯，形成严谨求实的科学态度。为此，在以下五个方面做了探索。

（一）立足能力，巧设冲突

在本节课中，从一开始就积极鼓励学生提出本节课的课题，并且通过类比，提出解决课题的方法，然后通过一系列的变式问题，创设一系列引起认知冲突的情境问题，引导学生开展独立思考、合作交流、反思质疑的思维活动，努力培养学生大胆探索、严谨求实的科学态度。通过简单的"开闭"现象，激发学生时不我待、敢于拼搏的精神。通过蝴蝶效应，鼓励学生每天都要有收获，哪怕是"一点点的思考、一点点的进步"。数学课堂也是人生的体验课堂。

（二）创设情境，归纳方法

华罗庚先生说过"数缺形时少直观，形少数时难入微"。学习函数遇到"认知冲突"问题时，一般方法就是先从图象的直观分析入手，再将图象的几何特征转化为函数的性质加以解决，最后回到对所求问题的最终解答上来。主要手段就是设计带有"初始性、结构性、情境性、简单而有深度"的"认知冲突"问题串，达到揭示核心内容的核心性问题，不断引出逆向的新思维等导向性问题，从而揭示关于思想方法的启迪性问题。

（三）静动结合，指导方法

本节课先是在"静止"的情境中，温习了基本知识和方法，接着在变化运动中，升华了思想方法的认识，继而在综合联系中，鼓励学生积极地展开探究，培养了能力，锻炼了思维。学生有自我展示，有自主学习，有合作交流；有师生的互动讨论，有思维的碰撞；有不同情境的创设，有类比的学习体验。课堂的学习过程是师生共同演绎的！

（四）难点突破，把握学生

本节课由于对抽象推理能力要求比较高，逆向的思维方式在平时遇到的较少，加上离散思想、无穷极限思想的引入，对学生分析和解决问题的能力都要求较高。对高一新生来说，积极地提出问题、开放式地解决问题、不断地利用函数图象进行变换和转化属于能力要求的较高层次，学生在学习时会遇到思维障碍，在教学实施中还是存在时间紧、对学生能力估计过高等情况，没有按照预设完成任务，所以基于学生的学情的教学才是最真实有效的教学！

（五）数学课堂教学设计的核心是发展学生的数学思维能力

学生学习动机是积极投入数学活动的关键，必须让学生产生学习的欲望，自觉地投入数学活动中。这样就应在问题的设置中精心创设"认知冲突"情境，使情境的设计能够"设疑自然，激发好奇，自主探究，引发兴趣，建立自信"，"认知冲突"问题应该贴近学生的"最近发展区"，适度困难，螺旋上升，富有挑战性，同时问题的设计也应该按知识的发生发展过程和学生的认知过程设计。本节课从众多的材料中精心提炼，选择了三要素作为课堂教学的主线，学生易于动手操作，易于展开丰富的联想。课后学生谈起这节课，都感到印象深刻，学生还可以参与很多探索工作。在课后专家点评中说："这样的设计是于平凡中显示出神奇！"

子曰："不愤不启，不悱不发，举一隅不以三隅反，则不复也。"愤：心里想求通而又未通。悱：想说又不知道怎么说。名句"不愤不启，不悱不发"的意思是：学生如果不经过思考并有所体会，想说却说不出来时，就不去开导他；如果不是经过冥思苦想而又想不通时，就不去启发他。"不愤不启，不悱不发"经常用来形容对学生要严格要求，先让学生积极思考，再进行适时启发。我们的教学就应该倍加努力、精心雕琢、不断反思，朝着这样的境界不断攀登。

案例十二　双曲线的渐近线教学设计分析

潞河中学　刘进

一、教学背景分析

（一）教材知识编排

解析几何的本质是用代数方法研究图形的几何性质，体现了数形结合的重要数学思想，这种思想应贯穿于平面解析几何教学的始终。双曲线的渐近线的研究正体现了这种思想。通过对双曲线渐近线这种几何性质的探究，让学生经历知识形成的过程，将数与形紧密结合起来，从而更深刻地体会坐标法思想。

本节课学习的知识基础是双曲线的方程，绝大多数学生都能熟练掌握双曲线的方程，在学习椭圆简单几何性质及其他双曲线简单几何性质时已经学习过由方程研究几何性质的方法，这是学习本节课内容的认知基础。本节课学生将借助图形计算器探究"渐近线"这种双曲线特有的性质，经历观察、发现、归纳、验证、推广等过程，体验知识形成的过程。

（二）教学设计出发点

双曲线的"渐近线"很难从方程中得到，又较难理解，在以往的教学案例中，常由教师直接给出。那么能否由学生经自主探究得到呢？信息技术手段的使用会提高作图、计算的效率，但由于过于直观，容易忽略思考，如何使用才能使它成为课堂探究的有力工具呢？基于以上思考，本案例设计了以下教学过程。

(三) 学生情况

1. 现有知识储备

椭圆的定义及几何性质、双曲线的定义及简单几何性质；解析几何基本方法。

2. 现有能力基础

授课对象为通州区潞河中学高二年级实验班学生，学生基础知识比较扎实，具有较强的逻辑推理、抽象概括、计算能力等，能有意识且较为熟练地应用图形计算器解决问题。

3. 现有情感态度

对双曲线的性质有进一步探究的意愿。

学生的认知困难：双曲线的渐近线不是一个非常明显的性质，如何发现以及用什么方法证明都是学生面临的问题。

4. 教学目标确定

学生通过探究理解双曲线渐近线的概念，知道它刻画了双曲线的什么几何性质，会根据双曲线方程求渐近线方程。

通过问题情境的创设与问题引导，让学生自主研究并获得双曲线的渐近线。体会用代数方法解决几何问题的一般思路，渗透了从特殊到一般、数形结合、转化的数学思想。

培养学生严谨治学的态度和勇于探索、不怕困难的精神。

5. 教学重点、难点分析

教学重点：发现并研究双曲线的渐近线及其方程。

教学难点：利用方程研究曲线的几何性质。

二、教学过程分析

问题1：请大家在练习本上画出双曲线 $x^2 - y^2 = 1$ 的草图。学生先画草图，相互对比，再用图形计算器画出标准图形进行对比。学生是根据自己所掌握的双曲线的大致形状和简单几何性质（如顶点）等知识画图的，形状与双曲线的实际形状有一定差异，促使学生发现新的性质。

设计意图：复习双曲线的相关几何性质，使学生有较好的认知基础。同时促使学生发现问题。

问题2：为什么图形画得不准确？学生重新审视方程，看看自己忽略了什么。学生意识到自己在画图时没有充分地将"数"和"形"结合起来。

设计意图：引导学生利用数形结合的思想研究问题。

问题3：观察、研究方程，并与图形计算器画出的图形联系，看看曲线上点的坐标有什么变化趋势。经过观察、独立思考、讨论发现双曲线与直线 $y = \pm x$ 无限贴近。即随着 x 的增大，双曲线无限接近于直线 $y = \pm x$，但是永不相交。

设计意图：引导学生利用方程来研究曲线，发现渐近线。给出"渐近线"的描述，通过问题，从"数"和"形"两个方面加深对这个描述的理解。

问题4：你能否用图形计算器，或者运用所学过的知识，从"数"的角度进行说明？学生叙述自己的研究方案。

研究方案一：利用方程进行解释。将方程改写为 $y = \pm \sqrt{x^2 - 1}$，发现随着 x 的增大，y 与 $\pm x$ 越来越接近，即双曲线与直线 $y = \pm x$ 无限贴近。

研究方案二：利用图形计算器进行验证，度量双曲线上的点到直线的距离，发现距离逐渐减小，趋近于零。

教师给出"渐近线"的描述，学生从"数"和"形"两方面加深对这个描述的理解。

问题5：你能用代数方法更严格地说明双曲线与直线越来越贴近，但永不相交吗？学生尝试从"数"的角度严格说明。

将点到直线的距离（或者纵坐标之差）用函数表示，利用单调性来说明。

以第一象限为例，有

$$d = \frac{|x - \sqrt{x^2-1}|}{\sqrt{2}} = \frac{x - \sqrt{x^2-1}}{\sqrt{2}} = \frac{1}{\sqrt{2}(x + \sqrt{x^2-1})}$$

当 $x \geq 1$ 时，随着 x 的增大，d 逐渐减小，但是一直都达不到 0。其他象限由对称性也能得到这样的结论。

设计意图：从对"数"和"形"的感性认识上升到理性认识，深刻体会坐标法的应用。

问题6：是不是所有的双曲线都有渐近线？如果有，双曲线的渐近线方程是什么？学生自主探究，可以从方程入手，也可以利用图形计算器进行数学实验。

设计意图：从特殊情形推广到一般情形，明确一般双曲线的渐近线方程。

问题7：从"形"的角度看，双曲线与它的渐近线无限接近，但永不相交。从"数"的角度看，双曲线方程与它的渐近线方程之间有什么关系呢？引导学生发现双曲线方程与渐近线方程结构上的关系，利用图形计算器探究，或者验证猜想是否正确。

设计意图：通过渐近线方程进一步认识双曲线，实现"数"与"形"的统一。

三、教学设计特色

以往的"双曲线的渐近线"教学多数是教师直接给出渐近线，由学生感知和理解，再进行严格的说明。本节课教学设计突出以学生为主体，教师引导学生从"形"上去发现，用"数"来解释，数感更好的学生可以直接从"数"上发现，再由"形"来验证，将"数"和"形"紧密结合；手持图形计算器满足了学生个性化的探究，学生可以根据自己的需要设计研究思路，然后借助机器完成研究过程；积极探寻机器作图背后的数学原理，图形计算器的作用是辅助教学，不能替代思考。

案例十三 直线的倾斜角与斜率教学设计分析

潞河中学 白志峰

一、教学背景分析

（一）教学内容的功能和定位

"直线的倾斜角与斜率"是高中解析几何部分的起始概念。"倾斜角"和"斜率"分别从"形"和"数"的角度刻画了直线的倾斜程度。正确理解"倾斜角"和"斜率"的概念，建立二者之间的联系，不仅是学习数学学科的需要，也是学习其他学科和将来继续深造的需要。"坐标法"是研究直线及其几何性质的基础，在直线斜率公式的建立中，学生首次接触到这种思想和方法。

从解决问题的思想方法的角度看，本节课可以帮助学生初步了解直角坐标系内几何要素代数化的过程和意义，初步渗透解析几何的基本思想和基本研究方法。从能力培养的角度看，本节课可以培养学生数学式处理问题的思维方式，进一步强化数形结合、分类讨论等思想方法的应用能力；可以培养学生通过归纳、抽象、演绎等途径建立数学概念的能力；也是培养学生优良数学品质的极好素材。

（二）教学设计的出发点

1. 问题探究

通过问题探究的教学方式，激发学生的认知冲突，引导学生经历归纳演绎得出概念、分析判断导出公式的整个教学过程。在知识发生、发展与应用的过程中，引领学生学会思考问题和解决问题的方法，力求使学生的思维得到发展、学习方式得到改善，从而有效地提高课堂教学质量。

2. 最近发展区

从学生的最近发展区引发认知冲突，创设解析几何的学习情境，使学生对解析几何坐标法有亲切感，以此提高学生学习的热情和参与度。与此同时，使学生始终能够清晰地把握好课堂教学的主线。

3. 教师启发

充分发挥教师的启发诱导，师生之间、生生之间的交流互补，以及多媒体交互等手段的作用。

(三) 学生情况分析

1. 认知基础

学生具备的知识基础是已经能够熟练地应用直角坐标系，明确了坐标平面上的点与有序数对可建立一一对应的关系，从函数的角度认识了直线，明确了一次函数的图象是直线，并且能从几何和代数两方面理解两点确定一条直线的意义。

2. 认知困难

学生已经具备了一定的分析问题和解决问题的能力，逻辑思维已经初步形成，但仍欠深刻，也不太严谨。在抽象概括形成数学概念的认知过程中还存在一定的困难，需要教师做适当引导。

(四) 教学流程

教学流程如图 2.13.1 所示。

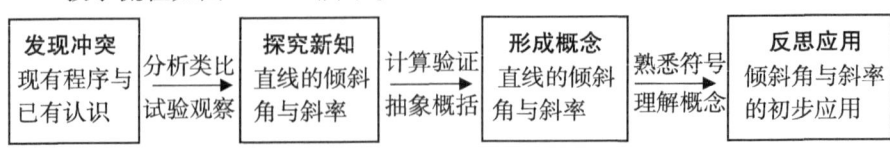

图 2.13.1　教学流程

（五）教学目标确定

斜率知识在物理、化学、函数与导数等方面都有广泛的应用，所以需要逐步充实，学习斜率知识是一个渐进的过程。本节课重在形成概念，初步体验解析方法，渗透数学思维方式，所以确定教学目标如下。

在教师的引导下，学生通过生活实例和数学思维，感受倾斜角和斜率这两个刻画直线倾斜程度的几何量的形成过程，建立并理解这两个概念以及二者的关系。

学生通过斜率公式的探究与推导，在掌握两点的直线的斜率公式的同时，初步体验解析几何的"坐标法"思想和基本研究方法。

在自主探索、合作交流的过程中，学生进一步了解归纳演绎、数形结合、分类讨论等研究数学问题的规律和方法。

（六）教学重点、难点分析

教学重点：直线斜率的概念、斜率公式及简单应用。

教学难点：斜率公式的推导。

二、教学过程设计

著名数学教育家波利亚有一句话："问题是数学的心脏。"古语有："学起于思，思源于疑。"学生探究知识的欲望往往从问题开始，一个耐人寻味的问题往往能激发学生的认知冲突，有了认知冲突，才能绽放思维的光彩。鉴于这样的考虑，本节课采用"通过问题引领，激发认知冲突"的探究式方法来完成教学任务。

问题1：确定直线的几何要素有哪些？

学生：两点确定一条直线。

教师：只经过一点呢？

学生：可做无数条直线。

教师：若需确定一条直线，除了该点外，还需什么条件？

学生：与 x 轴的夹角。

教师：一条直线与 x 轴相交时构成四个角，选择哪一个角更合理方便一些呢？

学生：选定如图 2.13.2 所示的 α 角。

教师：那么，这一部分该如何表述呢？引出问题 2。

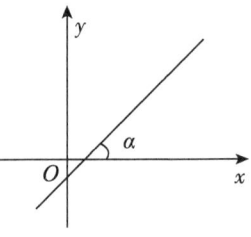

图 2.13.2　倾斜角示意

设计意图：引领学生从现有知识出发，进行思考、总结、归纳。通过这样简单的问答，一方面使学生经历概念的形成过程，另一方面揭示本节课的主题。

问题 2：用数学概念来刻画事物时，讲究准确与简洁，如何用数学语言准确描述倾斜角？

设计意图：抽象与概括是新课标提出的高中生应具备的数学能力，为此将定义的表述交给学生。学生已经感受到引入倾斜角的必要性，但如果教师直接给出倾斜角的定义，会使学生处于被动地位，不利于学生抽象概括能力的培养。让学生在讨论后得出倾斜角的概念，使学生有成就感，也可以加深学生对概念的理解。

练习 1：过点 $A(1，1)$，画出倾斜角分别为 $45°$、$90°$、$135°$ 的直线，并思考：倾斜角在什么范围内取值时可涵盖所有直线？倾斜角与直线的对应关系。

设计意图：通过学生的切身感受，了解直线上一个定点和它的倾斜角是确定一条直线的几何要素，二者缺一不可。让学生带着问题作图，可激发学生积极地进行思维活动。学生思考发现：①定义中未包括与 x 轴平行或重合的直线，需做补充规定：即直线与 x 轴平行或重合时，它的倾斜角为 $0°$。这样完善了倾斜角的定义，并自然确认了倾斜角的范围是 $[0°，180°)$，而非教师灌输；②平面直角坐标系中每一条直线都有确定的倾斜角，确定的倾斜角对应的直线不唯一，从而使学生在认识上有所升华。

问题 3：倾斜角从"形"的角度刻画了直线的倾斜程度。那么，可否从"数"的角度刻画直线的倾斜程度？

教师出示生活实例：幻灯片显示不同倾斜程度的两部楼梯，上楼梯 2 比上楼梯 1 费劲，是因为相同的前进量有不同的升高量。但用前进量和升

案例十三　直线的倾斜角与斜率教学设计分析

图 2.13.3　楼梯 1

图 2.13.4　楼梯 2

高量两个数量来表述楼梯的倾斜程度,不符合数学的求简精神。学生得到用升高量与前进量的比值,而此值正好是楼梯坡角的正切值。引导学生迁移、归纳与演绎,坡角相当于直线的倾斜角,而坡度则对应于直线的斜率。由此抽象出斜率的概念,并加以定义。

设计意图:用生活实例引入,意在降低抽象度,避免学生被动学习,增强数学学习兴趣及自信心。一方面使学生明确有了倾斜角的概念,让学生明白为什么还用斜率来表示直线的倾斜程度,为什么采用正切函数而不是别的三角函数;另一方面将直线的倾斜度和实数之间建立了对应关系,可以增强函数的应用意识。

学生完成定义:倾斜角不是 90°的直线,其倾斜角的正切值叫作这条直线的斜率,即 $k = \tan\alpha$($\alpha \neq 90°$);当倾斜角等于 90°时,其正切值不存在,此时直线的斜率不存在。

设计意图:同问题 2 的设计意图一样,让学生自己定义斜率的概念,意在培养学生的抽象概括能力,进而增强成就感,激发学习兴趣,有利于该难点的突破。

练习 2:已知直线的倾斜角分别为 0°、60°、135°,分别写出其斜率,并思考:倾斜角与斜率的对应关系;倾斜角与斜率的变化规律。

设计意图:倾斜角和斜率从"形"和"数"两个方面刻画了直线的倾斜程度。斜率等于倾斜角的正切值,又建立了二者的联系。对练习的进一步思考,可以让学生深层次研究直线的倾斜角与斜率的内在联系,更加系统和深刻地认识两个概念，将学生的思维引向更高的层次。引导学生用 $y=\tan\alpha\left[\alpha\in[0,\pi)\text{且}\alpha\neq\dfrac{\pi}{2}\right]$ 的图象来讨论 k 与 α 之间的关系，意在构建与正切函数的网络联系，将新知识纳入已有的认知结构之中。

问题4：两点确定一条直线，也就确定了直线的倾斜程度，即倾斜角与斜率。那么已知两点如何求直线的倾斜角和斜率呢？

设计意图：通过设问激发学生将原有认知结构中的知识与现学知识联系起来，并进一步探索、建立新的知识。引导学生解决下面问题：在平面直角坐标系中，已知直线上两点 $P_1(x_1,y_1)$，$P_2(x_2,y_2)$ 且 $x_1\neq x_2$，用 P_1、P_2 的坐标来表示直线斜率 k。

推导过程完全交给学生，让学生充当学习的主体。学生通过自主探究、合作交流突破难点，体验用"坐标法"研究几何问题的方法，进一步感受分类讨论、数形结合、化归等重要数学思想，有助于培养学生研究问题的独立性、条理性、全面性。

学生有下列两点不易把握：①怎样将两点坐标与 $\tan\alpha$ 相联系；②图形分析不够全面。教师可以先让学生在直角坐标系下联想坡度，找升高量与前进量，再引导将其转化为坐标表示。在教师引导和学生的交流合作下，得到公式 $k=\dfrac{y_1-y_2}{x_1-x_2}$。

练习3：求经过下列两点直线的斜率，并思考：

一是可以求出倾斜角的大小吗？

二是使用斜率公式时应注意什么问题？

三是直线的斜率与直线上 P、Q 两点的位置有关吗？

①$A(3,2)$，$B(-4,1)$；②$A(3,2)$，$B(4,1)$；

③$A(3,2)$，$B(3,-1)$；④$A(3,2)$，$B(-4,2)$。

设计意图：使学生在巩固斜率公式的同时，明确公式的适用范围，明确直线的斜率与直线上 P、Q 两点的位置无关。解决问题时不是机械地代公式，而是带着问题、带着思考，进而建立起 $k=\dfrac{y_1-y_2}{x_1-x_2}$ 与 $\tan\alpha$ 以及 α 的内在联系。初步感知通过斜率公式，把斜率坐标化，在研究直线时比使用倾斜角更方便。

问题5：谈谈这节课你有何收获？

设计意图：反思小结，概括提炼，检验教学目标是否达成。

重点包括：

①是否明确了确定直线的几何要素、理解了倾斜角与斜率的概念。

②是否掌握了求斜率的两种方法（定义法、坐标法）。

③在建立概念和推导公式时，所经历的抽象与概括的过程，感受到了数形结合与分类讨论等数学思想。

④对用代数方法研究几何问题的初步体验。

三、教学效果的反思及评价

倾斜角与斜率都能刻画直线的倾斜程度，但是斜率在刻画直线的倾斜程度方面更具优越性。所以本节课的教学过程中突出了斜率概念的核心地位，努力在学生的最近发展区设置问题，层层深入，步步为营，使概念的得出是自然的。始终围绕"我们要干什么？我们现在正在干什么？"这样的主线，引领学生分析、表达、归纳、演绎得出概念或结论，并且加以应用，进而顺利有效地达成教学目标。

数学概念的建立离不开学生的认知冲突的发生、发展、解决和完善。教师在教学过程中不能把知识简单地传递给学生，学生必须经历自己的建构过程。学生需要在原有知识经验的基础上，产生认知冲突，对新信息重新认识和编码，建构自己的理解，这种建构是无法由他人来代替的。教师的作用在于启发诱导。

本节课在知识发生、发展与应用的过程中，教师引领学生归纳抽象得到概念、分析演绎导出公式，力求使学生在概念学习过程中感悟和获得数学归纳和演绎活动的基本经验，进而提高数学学科的基本能力，这也是课堂教学的价值追求。

案例十四 三次函数的图象和性质教学设计分析

潞河中学 杨娟

一、教学背景分析

(一) 教材知识编排

三次函数是《高中数学(人教版选修2-2)》第一章第三节导数的应用中的内容。三次函数是中学数学利用导数研究函数的一个重要载体,有着重要的基础性地位;另外研究三次函数的图象和性质对其他类型的函数求导问题也有重要的正迁移作用,因此学习和掌握三次函数的基本性质很有必要。但教材没有明确定义三次函数,涉及三次函数的课本习题也只局限在求解系数为常数的三次函数的极值和单调区间等简单应用方面,并没有对三次函数的图象和相关性质做出较为系统的阐述。因此适当地补充研究三次函数的图象和性质可以增加学生对新学导数的认识,可以正向迁移到其他函数的导数研究。

(二) 教学设计出发点

本节课是高二新授探究课,主要内容是:借助信息技术、通过图形计算器的操作生成关于三次函数的静态和动态效果,形成感性认知;再从与二次函数的关系入手,演绎推理出三次函数的图象和性质。同时在此过程中让学生体会数形结合、分类讨论、化归与类比、归纳推理和演绎推理等思想方法。

（三）学生情况

1. 知识准备方面

首先，三次函数的导数是二次函数，二次函数是重要的且具有广泛应用的基本初等函数，学生对此已有较为全面、系统、深刻的认识。其次，刚刚学完导数，可以利用导数将三次函数转化成二次函数，再通过二次函数的图象和性质，利用导数演绎推理出三次函数的图象和性质。其三，高一学习过指数函数等不同的函数，我们已经了解了如何研究一个新函数。

2. 情感准备方面

学完导数，学生已经在习题中接触过不少的三次函数求导问题，在不断遇到问题的过程中，学生自然想更好地了解三次函数的图象和性质，如此可以更高效地解决相关导数问题。

3. 工具准备方面

三次函数相较于二次函数更复杂一些，借助图形计算器可以更准确、更快地做出函数图象，有助于学生直观理解，形成感性认识。

三次函数和二次函数虽同是初等函数，学生也能通过导数解决一些三次函数性质相关的简单问题，但如果只利用图形计算器探究三次函数的性质，仍过于粗浅。首先，三次函数的图象和性质本身就有一定的难度，如果只依据图形计算器画出的一些特殊三次函数图象，难以窥见三次函数图象和性质的全貌。其次，图形计算器难以全面动态地展示三次函数的所有性质。因此归纳总结所要研究的内容就存在问题，所以工具只能辅助，还需要学生具备一些更高层次的能力才能圆满地完成三次函数的图象和性质研究。

（四）教学策略分析

1. 启发式教学策略

《论语·述而》说："不愤不启，不悱不发。""愤"是学生对某一问题进行积极思考，急于解决而又尚未明白的矛盾心理状态。"悱"是学生对某一问题已经有一段时间的思考,但尚未考虑成熟,处于想说又难以表达的另一种矛盾心理状态。学生们刚刚学完导数,在练习的过程中遇到大量的三次函数,对此,他们心存疑惑,又急于想弄明白。据此正好启发学生,借助新学导数知识和旧有二次函数图象与性质的知识,来研究发现三次函数的图象和性质,让他们探索和发现新知识,主动构建自己的知识结构。

2. 归纳推理策略

本节课两大探究点都应用了归纳推理策略:一是探究三次函数的图象,通过图形计算器了解不同三次函数的图象,以及 a 的变化对图象的影响,让学生归纳出部分三次函数的图象,为下一步得出三次函数图象奠定感性基础;二是验证三次函数的对称性,利用多个三次函数的直观印象,以及图形计算器验证特定函数的对称中心,证实了部分三次函数的中心对称性,为随后的演绎推理指明了方向、奠定了基础。

3. 演绎推理策略

演绎法是一种确实性推理。探究一中逆用导数定义由二次函数的图象和性质演绎推理出三次函数的图象和性质。探究二中通过中心对称的定义验证了三次函数对称中心的假说。演绎推理让学生得出了明确的结论,验证了假说,有拨云见日的感觉。

(五)教学目标确定

根据本节课的内容和地位,让学生通过本节课的教学达到以下三个目标。

①掌握三次函数图象和性质。

②培养利用图形计算器探求新知识以及验证结论的能力。借助导数,通过二次函数的图象和性质得到三次函数 $f(x) = ax^3 + bx^2 + cx + d$ ($a \neq 0$) 的图象和性质,引导学生用归纳推理和演绎推理研究函数图象和性质,体会两者的区别和联系。

③从已知的知识演绎推理得出未知的知识,让学生感受探索知识的乐趣;在研究的过程中,通过同学之间的讨论与协作,培养合作精神。

(六) 教学重点、难点分析

教学重点：三次函数的图象和性质。

教学难点：三次函数的导函数二次函数 $\Delta \leq 0$ 时，判断原函数与导函数两个函数图象之间的关系；三次函数对称性的证明。

二、教学流程分析

(一) 发现冲突、引发探究

1. 认知冲突

让学生画出他们认为的三次函数图象（常常是 $y=x^3$ 的图象），再用图形计算器画出不同的、准确的三次函数图象，两者不同引发学生认知冲突，引起他们想要探究三次函数图象和性质的意愿和兴趣。

2. 类比迁移

类比二次函数得出三次函数的定义，并考查二次函数与三次函数的关系：三次函数的导数是二次函数。多次建立二次函数与三次函数的联系，为下一步利用二次函数图象和性质得出三次函数图象和性质做铺垫。

3. 构建知识"脚手架"

利用问题串复习二次函数中各项系数字母对二次函数 $f(x) = ax^2 + bx + c$ 图象和性质的影响。如：

①系数 a 是如何影响图象的？

答：a 为正时开口向上，a 为负时开口向下。a 的绝对值越大，开口越小；a 的绝对值越小，开口越大。

②系数 a 和 b 的变化是如何影响图象的？

答：对称轴的左右平移变化。

③系数 c 对图象的影响是怎样的？对函数的单调性有影响吗？

答：图象上下平移；不影响。

④图象与 x 轴的交点个数由谁来确定？

答：由判别式 $\Delta = b^2 - 4ac$ 来确定。

案例十四 三次函数的图象和性质教学设计分析

学生思考回答，教师因势利导：由刚才的复习，我们知道，三次函数的导数是二次函数，而二次函数的图象和性质与其系数的变化有关，不难看出，三次函数 $f(x) = ax^3 + bx^2 + cx + d$（$a \neq 0$）的图象和性质与其系数有直接关系。那么，系数是如何影响函数的图象和性质呢？就让我们带着这个问题一同进入今天的学习探究中（引入课题）。

设计意图：旨在引导学生从熟知的二次函数出发，类比迁移，拓展学生认知。为接下来探究三次函数的图象和性质做铺垫，并由此导入新课。

（二）类比迁移、尝试探究

1. 探究一

利用二次函数与三次函数关系得出三次函数的图象和性质。

（1）自主探究，小组合作

学生已经掌握了原函数与导函数的关系：导函数大于零，原函数是增函数；导函数小于零，原函数是减函数；导函数等于零，原函数可能取极值。因此，具有一定基础的学生能通过二次函数的图象得出三次函数的图象。教师让学生板演三次函数图象，并进行小组合作学习，完成三次函数图象。此过程也是对导数性质的一次应用和巩固。

（2）教师引导，加深认识

在学生板演的基础上，启发学生得出三次函数的单调性、二次函数的零点 $[\Delta = (2b)^2 - 4 \times 3a \times c = 4(b^2 - 3ac)]$ 与三次函数的极值关系、二次函数的对称轴位置 $\left(x = -\dfrac{b}{3a}\right)$ 与三次函数零点的关系，进一步巩固和加深对三次函数图象和性质的认识。

（3）运用导数定义消除负迁移

分析二次函数的零点与三次函数的零点的不同。在画图的过程中，学生容易混淆两者零点，当二次函数取零点时，学生可能也会让三次函数等于零。通过分析进一步加深导函数零点与原函数该点处切线的斜率关系的认识。

设计意图：此部分内容为本节课重点，它既是对新的内容——三次函数的图象和性质的探究，也是对已学内容——导数的概念的巩固与应用。因此本节课采用学生自主探究、小组合作以及教师适当引导的教学策略，充分发挥学生的主动性和主体地位，在巩固知识与暴露问题的过程中发展思维与能力。

2. 探究二

利用图形计算器研究系数变化如何影响三次函数的图象和性质。

利用图形计算器画出一组三次函数的图象，观察图象，验证探究一，并得出系数与函数图象的关系（学生通过图形计算器展示，教师适时提示引导学生思考、归纳图象的特征）。

①系数 d 不影响函数的单调性，影响图形上下平移。

②系数 $a>0$ 时，图象整体上行；系数 $a<0$ 时，图象整体下行。

③根据系数 a 和导函数的判别式 Δ 的不同情况，完成所有类型的三次函数图象（鉴于学生的不同认知程度，教师再通过图形计算器展示，让学生认真观察，自主探究或同桌或前后讨论交流、合作研究。教师适时加以点拨、归纳总结）。

设计意图：探究二利用图形计算器的直观性，进一步巩固和拓展探究一的结论，完成对三次函数的图象的研究。同时利用多媒体呈现三次函数的图象，从感性到理性，凭借图象去发现、去探索，从数形结合层面进行思考，逐步加深对三次函数图象和性质的认识。

3. 探究三

探究三次函数 $f(x)=ax^3+bx^2+cx+d$（$a\neq 0$）的对称中心。

图象的对称中心对三次函数而言很重要，但其探究是一个难点。本节课通过三个过程，即直观猜测、图形计算器验证、代数方法证明层层递进来突破难点。

（1）直观猜测

通过三次函数图象 $y=x^3$ 关于原点（0，0）对称，结合多媒体中三次函数图象直观猜测三次函数的中心对称性，并结合三次函数与二次函数关系大胆预测其对称中心：三次函数 $f(x)=ax^3+bx^2+cx+d$（$a\neq 0$）为点对称，且对称中心为点 $\left(-\dfrac{b}{3a}, f\left(-\dfrac{b}{3a}\right)\right)$，此点的横坐标是三次函数极值点的横坐标，对应其导函数的对称轴。

设计意图：从直观到抽象，从具体到一般，符合学生的认知发展规律。通过逻辑推理和数形结合大胆猜测三次函数的对称中心。

（2）图形计算器验证

学生通过图形计算器进一步验证特殊三次函数的对称中心。

（3）代数方法证明

①假设三次函数有对称中心，其对称中心设为 (m, n)。

②根据函数图象中心对称特点有：$f(m-x) + f(m+x) = 2n$，整理后有：$(3am + b)x^2 + (am^3 + bm^2 + cm + d) = n$。

③通过观察可知 $m = -\dfrac{b}{3a}$，$n = am^3 + bm^2 + cm + d = f(m)$。

进一步验证 $y = f(x)$ 图象的对称中心在导函数 $y = f'(x)$ 的对称轴上，且又是两个极值点的中点，同时也是二阶导数为零的点。

设计意图：不完全归纳法验证，再由演绎法证明，体会演绎法推理的确定性。

（三）巩固应用、加深理解

1. 练习

①函数 $f(x) = x^3 - 3x^2$ 的图象是否为中心对称图形，若是，其对称中心是_____。

②函数 $f(x) = x^3 - 3x^2$ 有两个极值点 x_1，x_2，分别对应函数图象上两点 M，N，则 MN 的中点是_____。

设计意图：考查三次函数的对称性。

③函数 $f(x) = ax^3 + 3x^2 - x + 1$ $(a \neq 0)$ 在 **R** 上是减函数，则 a 的取值范围是_____。

④函数 $f(x) = ax^3 + 3x^2 - x + 1$ $(a \neq 0)$ 有极值，则 a 的取值范围是_____。

设计意图：考查三次函数极值存在的判断。

— 163 —

⑤函数 $f(x)=x^3-3x$ 的极大值是_____，极小值是_____。

⑥函数 $f(x)=x^3-3x-a$ 有 2 个零点，则 a 的值是_____。

设计意图：考查三次函数的零点。

2. 作业

(1) 完成课本第 33 页习题 2

(2) 拓展问题

①设函数 $f(x)=x^3-x^2+(a+1)x+1$，其中 a 为实数。

（Ⅰ）已知函数 $f(x)$ 在 $x=1$ 处取得极值，求 a 的值；

（Ⅱ）已知不等式 $f(x)>x^2-x-a+1$ 对任意 $a\in(0,+\infty)$ 都成立，求实数 x 的取值范围。

②利用图形计算器尝试探究三次函数的零点问题。

③你能研究四次函数的图象和性质吗？

设计意图：弹性题不做统一要求，为不同学生提供更为广阔的探求空间，让学生在课堂教学基础上加深对知识的理解和运用，扩大知识面，提高能力，发展智力，同时也体现了分层教学的思想，达到因材施教的目的。

三、教学效果评价

本节课后，学生感觉对三次函数有了较多的认识，能够画出三次函数图象，了解三次函数的性质。因为对三次函数有了更透彻的了解，所以在之后解决导数相关的问题中会更得心应手，可以很快地画出三次函数或类三次函数图象，利用数形结合方法快速洞察和解决问题。

四、教学设计特色

(一) 遵循学生认知规律

采用归纳策略和演绎策略，遵循从特殊到一般、从直观到抽象的认识规律。例如，探究三次函数的图象时，通过图形计算器了解不同三次函数的图象，以及 a 的变化对图象的影响，让学生归纳出部分三次函数的图象，为下一步得出全部三次函数图象奠定感性基础；验证三次函数的对称性时，利用对多个三次函数的直观印象，以及图形计算器验证特定函数的对称中心，部分证实了三次函数的中心对称性，为随后的演绎法证明指明了方向，奠定了基础；利用二次函数的图象和性质演绎推理出三次函数的图象和性质；通过中心对称的定义验证了三次函数的对称中心的假说。

（二）巧妙运用工具

借助图形计算器，快速准确做出函数图象，有助于学生直观理解，形成感性认识，并验证猜想，提高课堂效率。

（三）难点处理得当

三次函数的中心对称是一个重要性质，但是要想让学生理解并接受其推导过程难度较大。课上采用简化处理，既让学生了解了整个推导过程的逻辑，知道了结论，也让他们惊讶于过程的简洁，想要自己试一试。

（四）学生为主体

以学生为主体，放手让学生体验归纳、猜测、推理、证明等过程。

案例十五 超几何分布（第一课时）教学设计分析

潞河中学 于艳梅

一、教学背景分析

（一）教材内容分析

本节课是《高中数学（人教A版选择性必修三）》第七章第四节的第二部分。本节课的主要内容是类比函数的学习思路，先将随机试验的样本空间数量化，给出随机变量的概念，并研究离散型随机变量及其分布列，再学习几类特殊的分布列，比如有两点分布、二项分布、本节课的超几何分布，这些分布模型在实际生活中都有很重要的应用，如样品质量检测抽取，等等。通过研究超几何分布这类重要离散型随机变量的分布，学生不仅可以进一步理解离散型随机变量在描述随机现象中的作用，而且对随机思想在解决实际问题中的作用也有了更深入的理解。

（二）学生情况分析

1. 学生知识技能基础

目前学生已经学习了计数原理、古典概型、概率公式、离散型随机变量及其分布和几类特殊的随机变量分布列，会根据事件之间的关系，利用概率公式解决简单的实际问题。前面经历了二项分布概念的探究过程，基本具备了通过具体实例归纳抽象出概念的能力，这些知识为本节课的学习奠定了基础。

2. 学生学习困难表现

对于超几何分布,学生容易将它和二项分布相混淆;语言文字转化成符号的能力相对欠缺;归纳超几何分布的概念对学生来说是一个难点;学生的思维水平有待进一步提高;部分学生会有畏难情绪。

3. 教学流程

教学流程如图 2.15.1 所示。

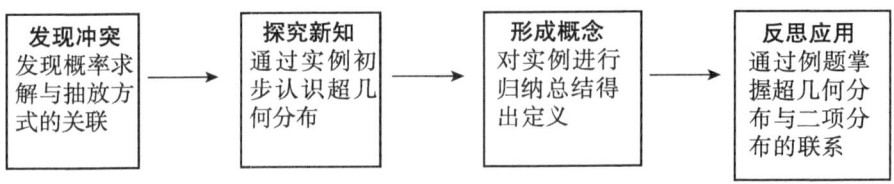

图 2.15.1 教学流程

(三) 教学目标确定

通过前测问题,经过举例探究,归纳抽象出超几何分布的特征,并能解决简单的实际问题,提升数学抽象和数学建模的核心素养。

通过有放回和不放回的思考,借助信息技术,理解二项分布和超几何分布的区别与联系。

(四) 教学重点、难点分析

教学重点:超几何分布的特征,应用超几何分布解决简单的实际问题。

教学难点:理解二项分布与超几何分布的区别与联系。

二、教学过程分析

在具体教学中,根据自觉性与目的性相结合的教学原则,为提高学生思维、数学建模与数学抽象的能力,将本节课分为以下四个阶段。

(一) 发现冲突阶段

1. 本阶段教学解决的问题

对于产品的抽取问题中随机变量的分布问题,部分学生认为概率求解与抽取方式无关，不清楚抽取方式对概率求解的影响，但在解决实际问题时，抽取方式是要考虑的一部分，更重要的是抽取结果，也就是所研究的最终问题是什么才是重点。

2. 本阶段教学安排

首先设置前测问题：已知 10 件产品中有 2 件次品，分别采用有放回和不放回的方式随机抽取 3 件，设抽取的 3 件产品中次品数为 X，求随机变量 X 的分布列。

学生通过具体的前测问题，求解随机变量 X 的分布列，并且说明做法的依据。

其次展示学生成果，完成下列思考问题：
①有放回抽取时，为什么服从二项分布？
②不放回抽取时，每次抽中次品的概率是否还一样？
③不放回抽取时，为什么不满足二项分布？
④经过以上分享，你有什么收获或想法？

通过展示学生的前测成果，发现问题，再小组讨论，解决问题，发现问题中有放回的情况服从已学的二项分布，让学生对不放回的情况产生探究的兴趣，初步理解不放回依次抽取和不放回一次性抽取在此是同一类问题。

（二）探究新知阶段

1. 本阶段教学解决的问题

本阶段需要让学生进一步认识不放回抽取情况的特征。为此，课上展示了大量生活中的实例，通过观察、讨论、反思、对比的形式，让学生对新知形成初步的认识。

2. 本阶段教学安排

首先结合前测问题，学生举例：
①10 个小球中有 8 个黄球，2 个白球，不放回随机抽取 3 个，抽到 1 个黄球的概率？黄球个数 X 的分布列？
②30 个零件中有 5 个一等品，10 个二等品，15 个三等品，随机取 5

个进行检验,求取到 1 个一等品的概率?取到一等品个数 Y 的分布列?

将以上三个问题整理,观察共性,见表 2.15.1。

表 2.15.1 问题整理

总体	部分1	部分2	样本	研究对象	分布列
10 件产品	2 件次品	8 件正品	取 3 件	次品个数 X 为 0,1,2	
10 个小球	8 个黄球	2 个白球	取 3 个	黄球个数 X 为 1,2,3	
30 个零件	5 个一等品	10 个二等,15 个三等	取 5 个	一等品个数 Y 为 1,2,3,4,5	

其次观察归纳:将以上概率问题进行一般化,以第一个例子为模型进行描述,且写出一般式。

(三) 形成概念阶段

1. 本阶段教学解决的问题

本阶段紧接着上一阶段的内容,把学生归纳、纠正、再归纳的内容模型化,提升学生数学建模和数学抽象的能力,得出新知,认识超几何分布。

2. 本阶段教学安排

(1) 得出定义

一般地,一批产品有 N 件,其中有 M ($M \leq N$) 件次品,从 N 件产品中随机抽取 n 件 ($n \leq N$)(不放回),用 X 表示抽取的 n 件产品中的次品数,则 X 的分布列为

$$P(X=k) = \frac{C_M^k C_{N-M}^{n-k}}{C_N^n} \quad (k=m, m+1, m+2, \cdots, r)$$

如果随机变量 X 的分布列具有上式形式,那么称随机变量 X 服从超几何分布。

(2) 完善定义

问题:要给出完整的定义,还需要明确什么呢?你有什么办法解决?

教师:将抽象问题具体化,渗透由特殊到一般的思想方法。补充:其中 $N, M, n \in \mathbf{N}^*$,$m = \max\{0, n-N+M\}$,$r = \min\{n, M\}$。

（四）反思应用阶段

1. 本阶段教学解决的问题

学生理解了什么是超几何分布之后，自然会想超几何分布有哪些应用，并且和已学的二项分布有什么区别与联系，随着学生提出一系列问题，进行共同探讨，使学生掌握超几何分布的应用。

2. 本阶段教学安排

首先展示例题，学生独立完成：

一个袋子中有 100 个大小相同的球，其中有 40 个黄球，60 个白球，从中随机摸出 20 个球作为样本，用 X 表示样本中黄球的个数。针对这个例子，你能提出哪些概率问题呢？

一是不放回摸球时：

①求某一个黄球被摸中的概率；

②求至少摸出一个黄球的概率。

二是分别就有放回和不放回的摸球时：

①求 X 的分布列；

②求样本中黄球比例在 $[0.4, 0.6]$ 的概率；

③若用样本中黄球的比例估计总体中黄球的比例，求误差不超过 0.1 的概率。

其次解决问题：借助 GGB 等计算机软件，学生独立完成以上问题，体会概率求解的本质，更进一步掌握超几何分布，并以小组为单位讨论二项分布和超几何分布的区别与联系，结合计算机软件进行验证。

三、教学效果评价

教学后，对所教两个理科班的学生进行了访谈，对这两个班级进行了问卷调查。

（一）调查问卷

问题 a：你能复述一下超几何分布的概念吗？

问题 b：你能说明超几何分布与二项分布的区别与联系吗？

问题 c：你会使用 GGB 软件求解具体分布列吗？

(二) 调查结果

调查结果见表 2.15.2。

表 2.15.2　调查结果　　　　　　　　　　(人)

问题	统计人数	是	否
a	78	61	17
b	78	51	27
c	78	71	7

(三) 分析

约 78.2% 的学生能够用自己的语言来表述超几何分布的概念，说明本节课的教学设计符合学生的认知能力和思维模式。约 65.4% 的学生能够理解超几何分布与二项分布的区别与联系，这说明还有相当一部分学生在本质理解上仍然存在困难，需要在后续教学中帮助这部分学生进一步理解。约 91% 的学生会借助 GGB 软件解决具体问题，说明学生较容易接受信息技术，这也提升了学生学习数学的兴趣。

四、教学设计特色

(一) 巧妙设置问题

设置前测问题，并且充分挖掘前测复习中出现的问题，使学生意识到自己对知识理解的漏洞，引起学生的重视，激发学生探究解决问题的兴趣。

(二) 运用辅助技术

借助技术，突破难点。本节课教学过程中，运用 GGB 软件提高课堂教学效率，帮助学生迅速明确认知冲突的核心，真正掌握本节课的内容。

(三) 积极引导，促进思考

本节课在前测问题解决之后让学生谈感受，例题题干展示之后，让学生自己提出问题，解决问题，充分发挥学生的主观能动性，体现出课堂的主人应该是学生，教师应该起到引导和启发的作用，促进学生积极思考。

案例十六 函数零点与方程的解教学设计分析

潞河中学 赵月灵

一、教学背景分析

(一) 教材知识编排

函数在数学中占据着不可替代的核心地位,根本原因之一在于函数与其他知识具有广泛的联系,而函数的零点就是其中的一个连接点,它从不同的角度,将数与形、函数与方程有机地联系在一起。方程本身就是函数的一部分,用函数的观点来研究方程,本质上是将局部的问题放在整体中研究,将静态的结果放在动态的过程中研究,学会用联系的观点解决问题,这就为今后进一步学习函数与不等式等其他知识奠定了坚实的基础。从研究方法而言,零点概念的形成和零点存在性定理的发现,符合从特殊到一般的认识规律,有利于培养学生的概括归纳能力,也为数形结合思想提供了广阔的平台。

本节课内容是在学生学习了函数的概念和基本初等函数的大背景下展开的,同时又是方程的根的分布与二分法的理论基础,可见,它起着承上启下的作用,与整章、整册综合成一个整体,因此学好本节课内容非常重要。

(二) 教学设计出发点

通过前面的学习,学生对初等函数的性质、图象已经有了一个比较系统的认识与理解，特别是一元二次方程和二次函数在初中的学习中是一个重点，这块内容学生已经有了很深的理解，所以对本节课内容刚开始的引入产生了很好的铺垫作用。但针对高一学生，刚进入高中不久，学生的动手、动脑能力，以及观察、归纳能力都还没有建立很全面的基础，对函数零点概念本质的理解，学生缺乏的是函数的观点，或是函数应用的意识。另外定理只为零点的存在提供充分非必要条件，这就要求教师引导学生体验各种成立与不成立的情况，从正面、反面、侧面等不同的角度审视定理的条件与适用范围。本节课作为函数应用的第一课时，有必要强化函数的核心地位，使学生初步树立起函数应用的意识。

(三) 学生情况

1. 现有知识储备

学生对初等函数的性质、图象已经有了一个比较系统的认识与理解；对一元二次方程和二次函数及二次不等式的关系已经有了较深的理解；对研究函数问题的数形结合思想已经有一定的活动经验。

2. 现有能力基础

授课对象为通州区潞河中学高一年级学生，学生基础知识相对比较扎实，学生已经具备了一定的归纳、概括、猜想、推理等思维能力。对大多数学生来说，以往的学习存在的普遍问题是，重结果轻过程，对思路的理解和形成过程进行深层次的挖掘和思考较少。

3. 现有情感态度

由于有二次函数的活动经验，入手容易，因此学生从心理上倾向于积极主动地参与到探究性的学习当中，希望在动态思维中成为学习的主体。

4. 学生的认知困难

函数零点概念容易模糊；零点的存在性定理及三个二次的关系容易盲目记忆，不理解本质；对函数、方程、两个函数交点问题灵活转化接受较为困难。

（四）教学流程

教学流程如图 2.16.1 所示。

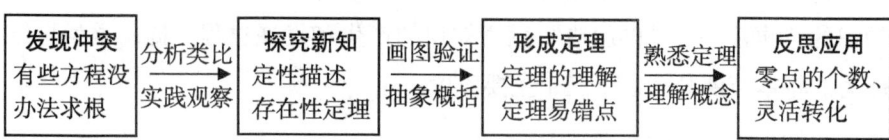

图 2.16.1　教学流程

（五）教学目标确定

发现冲突阶段，由二次函数零点出发，理解零点的概念。当学生理解了函数零点就是相应方程的根后，就产生了冲突，有些方程不会解怎么办？所以给出第二个例题，激发学生不断探究的欲望，另外第二个例题也给零点存在性定理的探究做好了铺垫。

探究新知和形成定理阶段，通过温度变化实例的作图、讨论，从直观上让学生产生对零点存在条件的猜想，那么猜想是否严谨呢？让学生自己提出问题，然后通过两个反问，让学生进一步理解定理，使学生体会数与形相互辅助、转化的作用，初步建立用量来刻画性质的数学化方法。

反思应用阶段通过一个问题及其变式让学生体会一题多变、发散思维，加深对定理的理解，进一步感受函数方程的联系，引导学生从不同的角度分析问题，转化条件，不断探究寻求解决问题的方法。反思从知识内容和思想方法两个方面进行小结，使学生对本节课的知识结构有一个完整、系统的认识，这样既可以使学生完成知识建构，又能进一步培养学生的归纳概括能力。

（六）教学重点、难点分析

教学重点：函数零点存在定理的探究，函数零点个数的求法。

教学难点：对解决问题的基本方法、基本思路、基本路径的理解和感悟。

二、教学过程分析

在具体教学中，根据自觉性与目的性相结合的教学原则，让学生通过知识的"再建构""再创造"感悟知识的产生和发展过程，提高学生思维能力。将本节课分为以下三个主要阶段。

（一）发现冲突阶段

1. 本阶段教学解决的问题

教学开始阶段，让学生初步了解函数零点的概念，在认识到函数零点就是相应方程的根后，便产生了冲突，有些函数我们不能求出函数零点，能不能判断它有无零点？若有零点，能否判断零点的个数？能不能判断零点存在的区间？为此在本阶段教学过程中采取讲练结合、师生讨论的方法，解决下列问题：产生认知冲突，明确冲突根源。

2. 本阶段教学安排

（1）温故知新

问题1：观察$f(x)=x^2-2x-3$的图象，哪些点是特殊点？

首先学生很容易想到是"顶点、与y轴交点、与x轴交点"。教师接着问："函数图象与x轴交点，为什么特殊？它怎么特殊？"引导学生从多角度分析："数的角度，点的横坐标是相应方程的根；形的角度，函数图象与x轴交点"，因此沟通了函数和方程的联系。接着教师举几个例子，检验学生的理解，如"函数$f(x)=x^2-2x+1$的零点是1，而函数$f(x)=2^x$图象与x轴没有交点，相应的方程没实数根，所以它没有零点"，教师紧接着问："你觉得应该怎么理解零点的问题？"然后学生容易归纳出：①函数零点不是一个点，而是具体实数x的取值；②函数$y=f(x)$有零点。数的角度，方程$f(x)=0$的实数根；形的角度，函数$y=f(x)$数的图象与x轴有交点。

（2）逐步聚焦

问题2：求函数$f(x)=\ln x+2x-6$零点。

一些复杂的方程无法求解，造成学生的认知冲突，引发学生的好奇心和求知欲，使学生依据自己的认知去探究问题，同时，通过"追问"等方式，使学生的这种心理倾向保持在一个适度状态。然后教师引导学生主动思考：既然不能求零点，我们能求什么呢？学生自然就会想到，判断零点的个数和零点所在的区间。这里零点的个数学生容易想出来，即转化为函数 $y = \ln x$ 与函数 $y = 6 - 2x$ 交点的个数。在研究函数 $f(x) = \ln x + 2x - 6$ 的图象时，这里设计了学生思维冲突和碰撞的环节，那么如何画函数图象呢？学生容易想到，描点作图或用函数性质，在经过思想碰撞后想到用函数的单调性判断函数的大致图象，然后想到用特殊值判断零点所在区间。然后教师提出：函数 $f(x) = \ln x + 2x - 6$ 在（1，2）上有零点吗？在（2，3）上有零点吗？这个环节让学生明确从"数""形"两个角度分析问题，体会方程、函数及函数图象的相互转化。借助对此题的探究，学生对零点存在性会有一个初步直观的认识，为零点存在性定理打好基础。这部分通过创设问题情境，以问题引导学习，形成学生认知冲突，激发学生求知欲，激活思维。

（二）探究新知阶段

1. 本阶段教学解决的问题

本阶段需要利用数形结合，通过生活实例来帮助学生理解定理的本质、突破难点，从感性和理性上、从图形直观和推理上建构零点存在性定理。为此在本阶段教学过程中让学生通过实例的实验，经历了从直观猜想定理到逻辑论证的过程，并让学生在过程中体会数学问题从实际中来，感悟数形结合思想、逻辑推理在判断数学命题中的作用，培养学生缜密分析问题的思维品质。

2. 本阶段教学安排

（1）探究定理

问题3：根据刚才问题的探究，如何判断函数 $y = f(x)$ 在区间 (a, b) 存在零点？能做一个猜想吗？

引导学生大胆猜想函数零点存在性的判定方法。这样设计既符合学生的认知特点，也能让学生经历从特殊到一般的过程，进行合情推理，经历知识形成的过程,化解难点。

然后教师引导学生做这样一个实验:图2.16.2是北京市去年1月份某一天从0点到12点的气温变化示意,假设气温是连续变化的,这段时间内,是否一定有某时刻的气温为0℃?请将图形补充成完整的函数图象。

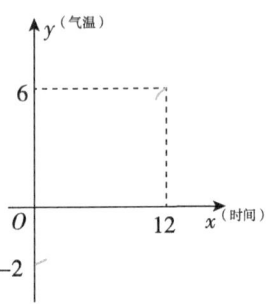

图2.16.2 气温变化示意

学生对生活实例感受较深,通过生活实例来帮助学生理解。学生通过小组讨论完成探究,然后交流,在黑板上画图展示所有可能的情况……然后师生一起点评。由于是连续的图象,因此学生在黑板上给出了多个图象。

(2)猜想定理

猜想:如果函数$y=f(x)$在区间$[a,b]$上的图象是一条连续不断的曲线,且$f(a) \cdot f(b)<0$,那么,函数$y=f(x)$在区间(a,b)内至少有一个零点,即存在$c \in (a,b)$,使$f(c)=0$,这个c就是方程$f(x)=0$的解。

引导学生在经过试验后再次对零点存在性问题进行猜想。这样设计既符合学生的认知特点,也让学生经历从特殊到一般过程,进行合情推理,让学生经历知识形成的过程,化解难点。

(3)定理辨析

问题4:①如果函数$y=f(x)$在区间$[a,b]$有$f(a) \cdot f(b)<0$,那么,函数$y=f(x)$在区间(a,b)内有零点,对吗?

②如果函数$y=f(x)$在区间$[a,b]$连续,且$f(a) \cdot f(b)>0$,那么,函数$y=f(x)$在区间(a,b)内没有零点,对吗?

两个辨析分别进行,学生通过小组合作交流,数形结合,将函数的零点转化到图象上来,使抽象的问题直观化,更利于学生理解定理的本质。同时使学生明白,得出的定理结论需要进一步推敲,需要进一步锤炼和辨析才能完善,以此培养学生的思维严谨性。

通过探究让学生更好地理解定理成立的条件:①函数图象是连续不断

的；②满足前面的结论，不一定只存在一个零点，可通过函数单调性来判断；③定理不可逆。

然后得出完整的零点判定定理和注意事项。这样经历知识形成的过程，同时在学生自己发现问题有困难的情况下教师进行适当的指导，化解学生思维的冲突。这样可以教会学生如何利用学过的知识去发现新问题，并且培养学生缜密分析问题的思维品质。

(三) 应用反思阶段

1. 本阶段教学解决的问题

本阶段采取了学生分享体会以及课后检测的教学方法，解决下列问题：希望学生将本节课所学内化于心，建构知识网络；检测学生所学，发现问题为后面的教学提供支持。

2. 本阶段教学安排

(1) 应用阶段

利用一个习题及其变式，使学生巩固课堂所学，反馈学习中的问题。

问题5：函数 $y = \ln x - \dfrac{2}{x}$ 有几个零点？

变1：函数 $y = \ln x$ 与 $y = \dfrac{2}{x}$ 图象交点横坐标的范围是（　　）

  A. (1, 2)　　B. (2, 3)　　C. (3, 4)　　D. $(e, +\infty)$

变2：方程 $x \ln x - 2 = 0$ 根的横坐标的范围是（　　）

  A. (1, 2)　　B. (2, 3)　　C. (3, 4)　　D. $(e, +\infty)$

应用、实践、巩固学生所学的新知识，为学生提供更大的思维空间；引导学生一题多变、发散思维，加深对定理的理解；进一步感受函数方程的联系，让学生学会从不同的角度分析问题、转化条件，不断探究寻求解决问题的方法；再次体现数形结合和转化的思想。

(2) 反思阶段

引导学生从知识内容和思想方法两个方面进行小结，不仅使学生对本节课的知识结构有一个完整、系统的认识，而且对所涉及的数形结合、一般与特殊、化归转化、类比等数学方法有了更深的理解，这样既可以使学生完成知识建构，又进一步培养了学生的归纳概括能力。

三、教学效果评价

教学后，对所教两个班的学生进行了访谈，同时对这两个班级进行了问卷调查。

(一) 调查问卷

问题 a：你能复述一下零点的概念吗？

问题 b：你会求函数零点吗？

问题 c：你会判断函数零点个数及零点所在区间吗？

问题 d：你能灵活进行函数零点、方程的根、两个函数图象交点间的相互转化吗？

(二) 调查结果

调查结果见表 2.16.1。

表 2.16.1　调查结果　　　　　(人)

问题	统计人数	是	否
a	80	78	2
b	80	70	10
c	80	68	12
d	80	50	30

(三) 结果分析

97.5% 的学生能够用自己的语言来表述函数零点的概念，说明本节课通过熟悉的二次函数抽象出函数零点概念的教学设计符合学生的认知能力和思维模式；87.5% 的学生能够通过用解方程的方法求零点，但是由于学生基础不同，所以有少数同学还存在困难；85% 的学生能通过零点的存在性定理判断是否存在零点，但我们知道判断零点的个数可以有多种方法，还需要继续学习；62.5% 的学生能够进行灵活转化，说明有相当一部分学生仍然存在困难，这个问题的掌握需要不断提高学生的转化能力。

四、教学设计特色

（一）设计冲突，引发学生深层次思考

本节课从学生最熟悉的二次函数入手，提出问题，归纳感悟定义，然后由特殊到一般进行猜想，通过实例感受，建构模型、完善定理、实际应用等，都是在学生思维最近发展区内开展学习任务。针对学生难理解的定理，设计问题串，有步骤地设置思维障碍，引发学生的认知冲突、思维的冲突。这样以问题为载体，在不断解决冲突的过程中，知识得到理解，思维得到了深化。

（二）体现学生是课堂的主人，学生的参与是课堂的主旋律

本节课是基本概念定理课，概念与定理的建立是一个感知、探究的过程，不仅要关注知识的掌握，也要关注学生的学习过程，把体验、尝试、发现的机会交给学生。如何把理论性很强的内容深入浅出地让学生理解是本节课的着力点，所以本节课精心设置问题链、变式训练、反思活动等，让学生参与到课堂，让学生在不断探究中、在参与中去发现方法、酝酿方法、感受方法，整个过程学生的参与是课堂的主旋律。

（三）关注学生的特点，突出了数学注重思维训练的学科特色

好的问题有利于揭示数学本质，训练学生思维。本节课的探究沿着"数""形"两条主线，始终体现了方程和函数的相互转化，找到了恰当的切入点将方程、函数、不等式联系起来。另外，课堂上打破常规，做了一些设问尝试："你打算怎样研究函数零点？""你能证明这个定理吗？"这些问题让学生的思维再上新台阶，让学生深入思考概念的来龙去脉，了解知识的形成过程，感知概念的合理性，感受相关的数学思想方法，体现了数学注重培养思维能力的学科特色。

案例十七　余弦定理教学设计分析

潞河中学　黄萍

一、教学背景分析

（一）教学内容的功能和地位

本节课内容是《高中数学（人教 A 版必修 5）》第一章解三角形的第一节余弦定理部分的第 1 课时，主要内容是推导余弦定理及其推论，应用余弦定理解决简单的解三角形问题。

余弦定理是解决有关斜三角形问题的重要定理，也是初中勾股定理内容的延伸拓展，它与正弦定理共同表达了三角形元素间的等量关系，是三角函数和平面向量知识在三角形中的具体运用。

（二）教学设计的出发点

从解决问题的思想方法角度看，本节课通过对余弦定理的探究和应用，渗透了特殊到一般、数形结合、等价转化等研究数学问题的方法。从对学生思维的培养上看，本节课通过对余弦定理的推导，可以帮助学生发散对"长度"的理解，多个角度的认知有助于拓宽学生的数学思维。对余弦定理的多方位认识，可以培养学生思维的灵活性。

（三）学生情况

在初中的数学学习中，学生对三角形的边角关系有了一定的了解。在本章，学生刚学习完正弦定理，能从方程、边角互化等角度理解正弦定理。对于证明余弦定理可能用到的平面向量知识也刚学习不久,但对数量积的作用理解还不是很深刻。

根据以往的教学经验,刚接触解三角形知识的学生还不太习惯于解斜三角形,而是更愿意将其转化为直角三角形求解。而余弦定理的证明方法有很多,是一个很好的培养学生思维的载体。课堂上留给学生的思考时间有限,为了使学生有充分的时间进行思考,可将问题移到课前,布置预习作业进行探究。为了了解学生的证明情况和思路,对预习作业进行了统计和分析:全班41名同学,有25名即约60%的学生选择了将边长转化到直角三角形中求解,而且大多数没有对三角形形状进行分类讨论,有13名选择了向量方法,有1名选择了转化成两点之间的距离。这与先期预想是一致的,学生的思维还不够开阔和严谨,对"长度"的理解大都还只停留在线段的长度一个方面。所以在课堂的最开始,设计了分享交流的环节,试图通过这种方式使学生的思维有所发散,尝试多角度思考。

学生的另一个认知困难是对余弦定理的理解和应用,这也将在教学过程中重点突破。

(四) 教学流程

为了达到教学目标和突破难点,把教学过程设计为下列五个环节:课前预习深入思考→分享交流开阔思维→探索新知剖析定理→应用实践掌握定理→归纳总结感悟收获。

(五) 教学目标确定

结合对教学内容和学生情况的分析,确定本节课的教学目标如下。

通过分享余弦定理的推导过程,体会向量的作用,让学生了解可以从向量、解析、平面几何等多角度理解"长度",推导余弦定理。

从形式、作用等多方面理解余弦定理,让学生通过应用掌握余弦定理及推论的内容。

培养学生勇于探索的精神和数学应用意识,通过对数学问题的解决,渗透特殊到一般、数形结合、等价转化、方程等数学思想方法。

案例十七　余弦定理教学设计分析

(六) 教学重点、难点分析

教学重点：余弦定理的推导过程。

教学难点：多角度理解"长度"，对余弦定理的多角度认识。

二、教学过程分析

(一) 课前预习

问题1：为建设通州新城行政办公区，要对潞城镇郝家府村进行拆迁，如图2.17.1所示。现施工队要测算村子两端 B、C 两点之间的距离（不能直接到达）。技术人员先在地面上选一适当的位置 A，量出 A 到 B、C 的距离，分别是 $AC=5$km，$AB=8$km。再利用经纬仪（测角仪）测出 A 对 BC 的张角 $\angle BAC=60°$。你能通过计算求出村子两端 B、C 两点之间的距离吗？

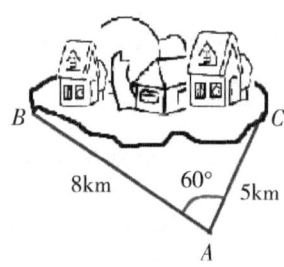

图 2.17.1　郝家府村示意

问题2：从上面的问题中能抽象出怎样的解三角形问题呢？写出已知和所求，并尝试用多种方法证明你得到的结论。

设计意图：设计两个问题是基于以下两个方面的考虑。

①在数学发展史上，解三角形的理论受到天文测量等方面的推动，得到不断发展，并被用于解决许多测量问题，要通过教学使学生初步认识学习解三角形知识的必要性，并且培养学生的数学应用意识，以及从实际问题中抽象出数学问题的能力。

②同时希望设计的问题思维有梯度，满足不同层次学生的需要。从学生预习作业的反馈来看，确实有一小部分学生只能解决具体的解三角形问题，对含有字母的一般情况求解有困难，不能顺利实现由特殊到一般的思维迁移。有的学生可以探索出多种证明方法，而有的只能想到一种证明方法，或者想到一些可能的证明途径。可见布置分层次的预习问题还是很有必要的。

（二）分享交流

余弦定理的证明方法非常多，概括起来主要有三大类：平面几何法，向量法，解析法。从学生的预习作业中选择使用三类方法的代表学生进行分享交流。

设计意图：由于学生在课前已经进行了充分的思考，所以再听别的同学讲解就感觉比较熟悉。学生在这个环节不仅要交流多种证明方法，更重要的是明白每种方法是怎么想到的，也就是要引导学生思考三种方法的思路来源：三种方法，其实就是在从不同的角度理解题中所要求的"长度"。今后再遇到关于"长度"的问题时，学生就可以发散思维，多角度考虑问题。

（三）探索新知

1. 余弦定理的表达式

类比预习作业的结论，学生可以很容易得到另外两边平方的表达式，即

$$a^2 = b^2 + c^2 - 2bc\cos A$$
$$b^2 = c^2 + a^2 - 2ca\cos B$$
$$c^2 = a^2 + b^2 - 2ab\cos C$$

关注这个结论，就可以得到余弦定理：三角形中任何一边的平方等于其他两边的平方的和减去这两边与它们的夹角的余弦的积的两倍。

设计意图：概括出定理的文字表述是很有必要的，这样可以让学生熟悉定理的结构特征，抓住定理的本质，同时也能培养学生的抽象概括能力和语言表达能力。

2. 余弦定理的理解

设计意图：对余弦定理的理解和应用是学生的一个认知难点，在解三角形时会由于对公式理解不到位而导致选错公式或盲目套用。因此在课上设计了以下教学问题。

根据你目前对余弦定理的认识，出一道应用余弦定理解三角形的问题。

学生的认知水平不同,说出的题目也会呈现不同的层次。分析同伴的题目,学生会更感兴趣,会更投入,学习效果会更好。根据学生所出题目,总结概括出余弦定理的适用条件及作用,推导出余弦定理的推论。

学生的想法还是很多的,学生能想到哪,就组织全班一起分析总结到哪,集思广益,使这些结论的得出自然合理,易于学生接受。

余弦定理的推论:

$$\cos A = \frac{b^2 + c^2 - a^2}{2bc}$$

$$\cos B = \frac{c^2 + a^2 - b^2}{2ca}$$

$$\cos C = \frac{a^2 + b^2 - c^2}{2ab}。$$

①余弦定理揭示的是三角形三边与一角的关系,是一个方程,可知三求一。

②余弦定理是勾股定理的推广。

③余弦定理可解决已知两边及夹角、已知三边、已知对边对角及一边的解三角形问题。

④选择公式时要锁定夹角。

⑤余弦定理可以实现边角互化。

(四)应用实践

例1:在$\triangle ABC$中,已知$b=3$,$c=2\sqrt{3}$,$A=30°$,求角B、C和边a的值。

例2:在$\triangle ABC$中,已知$a=\sqrt{6}$,$b=2$,$c=\sqrt{3}+1$,解三角形(依次求解角A、B、C)。

设计意图:如果学生所出的题目有适合求解的,就当作例题使用。但学生出的题目数据不是很具体,于是完成教师事先准备的例题。通过具体的解三角形问题,进一步加强对余弦定理的准确记忆。例1是直接应用余弦定理求a边,接下来如何求角B、C可以用正、余弦定理两种方法。例2是余弦定理推论的应用。

（五）归纳总结

设计意图：学生通过梳理本节课研究问题的过程和所学到的知识，形成小的体系，便于记忆和检索。如图2.17.2所示。

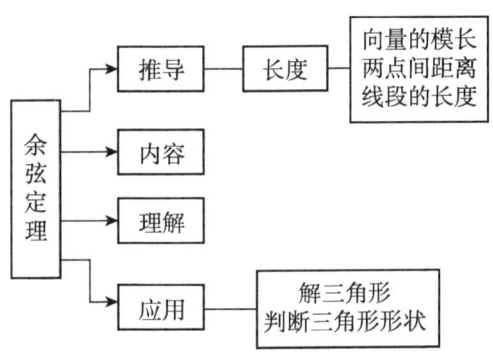

图2.17.2　余弦定理知识点梳理

三、教学特色分析

（一）联系实际，重视应用

本节课从现实情境中提炼出数学问题，是希望学生认识到数学是有用的，数学源于生活又为生活服务，学生应体会数学的应用价值。

（二）问题探索，重视思维

数学是思维的体操，通过教学活动帮助学生建立起更高层次的数学思维，给予学生开启问题的钥匙，教会学生如何思考。

（三）合作交流，共同进步

师生平等交流，共同解决问题，使学生在各种数学活动中掌握基本技能。

（四）立德树人，终身学习

鼓励学生积极探索，勇于创新，拓展学习范畴，由课堂到课下，由数学问题到社会问题，努力落实教育立德树人的根本任务。

(五) 教师反思总结

最后一点是教师思考。在"互联网+"的社会发展的新形态下,教师如何与时俱进?在本节课的备课过程中,也曾考虑将现代教育技术手段及设备融入教学活动,实现互动和资源共享,但由于对时机和程度的把控不是很确定,便没有成行。这将是今后教学中要考虑和研究的一个新的方面。

案例十八 任意角的三角函数教学设计分析

潞河中学 黄 萍

一、教学背景分析

(一) 本节课教学内容的功能和地位

本节课内容是《高中数学（人教A版必修4）》第一章三角函数第2节。

三角函数是描述客观世界中周期性变化规律的重要数学模型，在数学和其他领域中具有重要的作用。本章中，学生将在《高中数学1》中学习函数概念与基本初等函数Ⅰ的基础上，学习三角函数及其基本性质，这是学生在高中阶段学习的最后一个基本初等函数。与以往的三角函数内容相比较，本章加强了三角函数作为刻画现实世界的数学模型这一概念，借助单位圆理解三角函数的概念、性质，以及通过建立三角函数模型解决实际问题等。

任意角三角函数这个概念是全章承前启后的核心内容，它的地位和作用、与其他知识内容的联系、与其他相关学科的联系，可以从图2.18.1的知识结构中得到很好反映。

(二) 教学设计的出发点

在本章的第1节，学生学习了任意角和弧度制的概念，将角的范围扩展到了任意实数。实数范围内的角如何定义三角函数，初中的锐角三角函

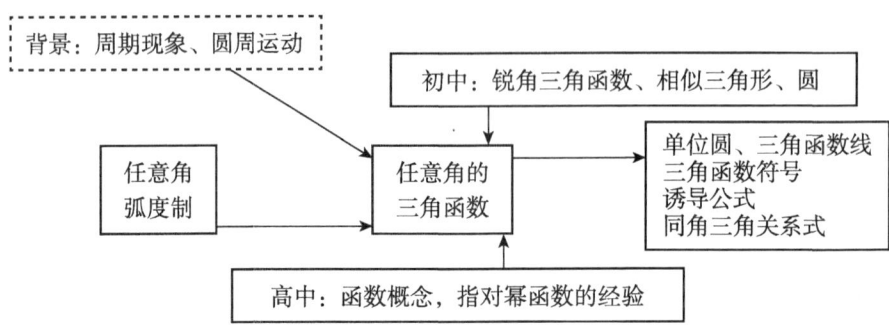

图 2.18.1　知识结构

数定义显然无法满足需要。如何构建新的三角函数的定义，既能兼容原有的锐角三角函数定义，又能解决实数范围内的角都有对应的问题，是本节课教学设计的出发点和核心。

（三）学生情况

本节课学习的认知基础主要是几何中圆的性质、相似形、锐角三角函数的有关知识，在《高中数学1》中相应的函数概念，以及指数函数、对数函数的研究经验；通过对任意角概念的学习，学生已经将角的范围进行了扩充，对终边相同角有了明确的认识和动态的感知。

学生的认知困难：在初中，学生已经学习了锐角的正弦、余弦、正切的比值定义，对三角函数有了初步的感知，为下一步探究任意角的三角函数提供了基本的知识储备，但同时这也是将定义推广到任意角时的思维束缚。现在应通过创设适当的情境让学生去探索更具有广泛性和合理性的三角函数的定义。三角函数是"从角的集合到比值的集合"的对应关系，与学生熟悉的一般函数概念中的"数集到数集"的对应关系不一致，而且"比值"需要通过运算才能得到，任意一个角所对应的比值的唯一性（即与点的选取无关）也需要证明，教学时需要安排环节帮助学生理解。

（四）教学流程

为了达到教学目标和突破难点，把教学过程设计为以下五个环节：创设情境引发思考→尝试定义讨论合理性→明确概念理解含义→应用概念练习巩固→反思总结课后延伸。

（五）教学目标确定

结合对教学内容和学生情况的分析，确定以下三个方面为本节课的教学目标。

①学生通过对实际问题的讨论，了解任意角三角函数定义产生的背景；掌握任意角的正弦、余弦、正切的定义；加深对函数一般概念的理解。

②通过参与知识的"发现"与"形成"的过程，培养学生合情猜测的能力，体会函数模型思想，以及数形结合、逐步化归、对立统一的数学思想。

③学生在解决实际问题的过程中感悟数学概念的合理性、严谨性、科学性，体会事物间的普遍联系和相互转化。感悟数学的本质，培养学生严谨的思维习惯和追求真理的精神。

（六）教学重点、难点分析

教学重点：任意角三角函数的定义。

教学难点：任意角三角函数概念的建构过程。

二、教学过程分析

（一）创设情境，引发思考

对上节熟悉的例子展开研究，容易进入情境。

问题1：摩天轮这个"朋友"我们并不陌生，它帮助我们认识了任意角的概念，今天它将继续陪伴我们展开下面的研究。

摩天轮的中心离地面的高度为20米，它的直径为30米，逆时针方向匀速转动，转动一周需要360秒，一秒转了多少度？若现在你坐在座舱中，从初始位置点 A 出发（见图2.18.2），让我们想象一下整个运动过程，高度 h 是怎样变化的？

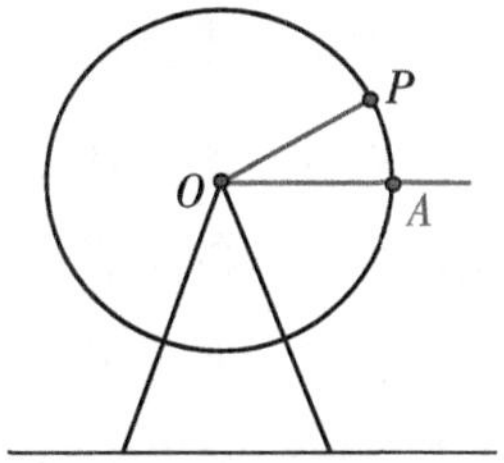

图 2.18.2　摩天轮示意

设计意图：体会周期现象，开始高度 h 先渐渐升高，再渐渐降低，然后再渐渐升高，最后回到初始位置；第二周、第三周……周而复始,呈"周期现象"。本节课突出研究问题的"周期性"特点。

问题2:求相对于地面的高度 h(米)与时间 t(秒)的函数关系式。已学过的函数没有这种性质,应该用怎样一个函数模型来刻画?让我们不妨先从一个简单具体情形入手。例如,过了20秒后,你离地面的高度为多少?一般地,过了 t 秒呢?

学生随着老师的设问不断思考,进入情境,不难得出答案:$h = 20 + 15\sin 20°$。

设想:$h(t) = 20 + 15\sin t°$ 这样想合情,但合理吗?有什么问题?

设计意图:随着摩天轮的转动,角度的范围也变成了任意角。学生会很自然地思考对任意角 α,$\sin\alpha$ 该如何定义?引出任意角三角函数。先猜想再探究,是一种合情推理,使学生感受到接下来新知识学习的必要性。以解决实际问题为背景,引入任意角三角函数概念,是想让学生感受到"数学是自然的""数学是有用的"。解决问题的一般策略,是先特殊后一般,学生也能加深对问题的理解。点 P 的位置随着角度而变化,一是为下面引出三角函数做准备,二是突出"函数味",这也是初高中对三角函数学习的不同之处。

(二)尝试定义,讨论合理性

问题3:对任意角 α,$\sin\alpha$ 该如何定义?

学生思考能否用已有的知识经验解决,发生冲突时如何处理,小组讨论,拿出本组的解决方案。2~3个小组代表向全体同学阐述自己的解决方案,其他同学倾听。

设计意图:通过这一系列的分析与讨论,引发学生思考旧的定义具有局限性,新的定义要在定义锐角正弦时与原有定义一致,同时又可以扩展为对任意角均适用。让学生感受到任意角三角函数定义中"坐标系的引入""坐标比值法的规定"不仅有必要、有好处,而且顺其自然,体会数学是自然的。

问题4:圆的半径 r 大小有限制吗?半径 r 取多少时,会使比值更加简洁?

问题5：联系已学过的知识，类比正弦函数的定义，你能给出任意角余弦、正切的定义吗？

设计意图：学生讨论后教师要起到主导作用，明确数学中任意角正弦的概念究竟是什么，体现转化和对应的数学思想，渗透类比的思想。

(三) 明确概念，理解含义

问题6：为什么称它们为"函数"？从一般函数概念角度怎样来理解正弦、余弦、正切函数？

设计意图：深入挖掘定义中的对应关系，理解定义实质。通过与函数概念的联系，进一步理解集合与对应观点下的函数概念，明确三角函数与已有函数概念的共通性，三角函数与函数概念是特殊与一般的关系。这样为下一步研究三角函数的图象和性质做好铺垫。

(四) 应用概念，练习巩固

例1：求 $\dfrac{5\pi}{3}$ 的正弦、余弦和正切值。

例2：已知角 α 的终边经过点 $P_0(-3, -4)$，求角 α 的正弦、余弦和正切值。

设计意图：例题与练习都是为了及时巩固对定义的理解，同时在解答过程中充分利用单位圆的作用，体现出数形结合的思想。练习选择的特殊值，是为了体现出定义的一般性，同时为定义域的学习做好准备。

(五) 反思总结课后延伸

学生先总结，教师在学生总结的基础上进行再概括。

作业：归纳本节课的基础知识，查阅数学史的知识，结合本节课写出对任意角三角函数进行推广的必要性与合理性的认识。

设计意图：学生对学习过程进行反思，对讨论问题的思想方法进行总结，重点强调化归的思想，使学生体会到数学的定义要严谨、数学的定义要科学、数学的定义要合理、数学概念也是有"生命的"。

三、教学特色分析

①本节课学生活动的过程是在教师创设的情境中不断探索的过程。情

境的创设能使学生感受到生活中的周期现象和探索任意角三角函数的必要性。

②在由特殊向一般推广的过程中,教师通过精心的设问,使学生能真切地体会到引入坐标系定义三角函数的必要性和合理性,并且自发地寻求解决问题的方案,最终化解矛盾,得出合理定义。

③学生经历了定义产生的过程,而不是被动地接受,认识也会更加深刻和持久。

④整个探究过程让学生体会到数学是自然的,数学的定义要严谨、要科学、要合理,数学概念也是有"生命的"。

案例十九　三角函数性质的延伸和拓展教学设计分析

潞河中学　史红静

一、教学背景分析

(一) 教材知识编排

三角函数是高中数学必修一的内容,是描述周期现象的重要数学模型。它的基础是平面几何中的相似与圆,但研究方法是采用代数中函数的方法和代数运算的方法,因此,三角函数是联系代数与几何的桥梁,它在几何和代数中都有所作为。三角函数的公式变换,图象的平移、伸缩、翻折变换,单调性,周期性,最值性,等等,在实际问题中有着广泛的应用。

本节课作为一节复习课在教学中占有重要的地位。这是因为,学生在学完三角函数和三角恒等变换之后,知识处于零散的状态,特别是对含有绝对值项三角函数的性质掌握不清,将学过的知识点"串连"起来,并能灵活应用,是亟需训练和解决的问题。为了触发学生的深度思考、高效学习,课上利用图形计算器强大的作图功能,让学生亲手操作、亲身体验、全员参与和全程参与,在富有生机、充满探究、生动活泼的活动过程中,既可以复习重要知识和思维方法,又能提高探究能力及综合能力。

(二) 教学设计出发点

课题起源于一个实际认知冲突:函数 $y = |\sin x| + |\cos x|$ 的最小正周期

是多少？有的同学说是2π，有的同学说是π，还有的同学说是$\frac{\pi}{2}$，能够猜出正确答案的同学非常少，学生采用的是构造诱导公式的办法，思维量很大。然而，他们却不能从代数的角度说清楚为什么$\frac{\pi}{2}$是最小的正周期。由此产生了认知上的困难，这就需要准确的函数图象加以几何图形上的辅助说明。图形计算器强大的作图功能能够提供重要的辅助手段。可以让同学们先直观感知，再探究机器作图背后的数学原理，进而得到含有绝对值的三角函数的性质。通过这个问题的解决，学生可以加深对五点法作图和平移变换法作图的深刻体会。

(三) 学生情况分析

1. 现有知识储备

知识上，学生已经对三角函数的性质：周期性、对称性、单调性和奇偶性有了较深刻的理解，会运用三角恒等变换的相关公式，特别是辅助角公式进行三角恒等变形，同时，学生也已经掌握了简单三角函数绝对值函数的图象的作图方法。

2. 现有能力储备

初步建立了本章节中所突出的重要数学思想——数形结合的思想。学生具备了一定的分辨能力、语言表达能力，初步形成了辩证的思维方法。另外，本节课的授课对象为通州区潞河中学高一年级1班学生，为普通班，学生基础差异较大，在小组中要尽量合理搭配，在练习和作业中要注意分层。同时，对逻辑论证的过程，要加强指导。

3. 现有情感态度

由于练习题中经常遇到形如$y=|\sin x|+|\cos x|$函数，关于这个函数的最小周期停留在机械接收、记忆的层面，因此学生对这个函数的图象和性质充满疑惑和好奇。

4. 学生的认知困难

通过前面的学习，学生对自变量加绝对值符号的函数处理已经比较熟

案例十九 三角函数性质的延伸和拓展教学设计分析

练,但对三角函数上加绝对值的处理经验不足。

(四) 教学流程

教学流程如图 2.19.1 所示。

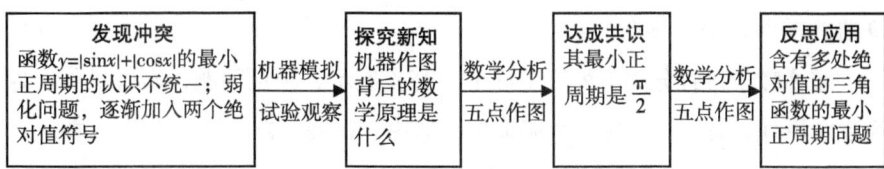

图 2.19.1 教学流程

本节课整个教学过程的主线是:探究含有绝对值的三角函数的图象及其性质。在主线背后,以数学思想方法的理解、应用作为支撑,以图形计算器的辅助作图为导向。

前期教学准备:让学生熟悉图形计算器的使用,特别是画图模块;完成课前作业。

(五) 教学目标确定

学生采取先实验感知,再推理论证,主动探索,大胆实践,在小组合作过程中亲身体验知识的发展过程,在创新实践中提高综合能力。根据学生的实际情况和面临的困难,确定以下三个方面的本节课教学目标。

①学生理解并掌握含有绝对值的三角函数的图象的画法,并通过图象得出它的相关性质。

②学生通过"直观感知→观察→操作确认"的认识方法,挖掘机器作图背后的数学原理,在学习和参与中提高团队协作能力和知识的灵活应用能力。

③学生借助数学实验培养敢于质疑、理性分析、不断完善的科学严谨的学习态度。

(六) 教学重点、难点分析

教学重点:含有绝对值的三角函数的图象及其性质。

教学难点:对五点作图法和平移变换作图法的深刻体会以及灵活应用。

二、教学过程分析

本节课整个教学过程的主线是：探究含有绝对值的三角函数的图象及其性质。在主线背后，以数学思想方法的理解、应用作为支撑，以图形计算器的辅助作图为导向。

整个教学过程分为下列五个环节：交流展示、确定问题，实验操作、探究数学原理，总结、提炼、大胆猜想，运用、拓展、再锤炼，反思、总结。

以下对上述每一环节做出具体说明。

（一）交流展示、确定问题

课上利用大约3分钟的时间展示交流课前作业，帮助学生复习五点作图法、平移变换作图法做三角函数的图象，加强数形结合的思想。

课前作业： 画出函数 $f(x)=\sin x+\cos x$ 的图象，并指出它的最小正周期、奇偶性、单调区间、最大值、最小值、对称轴方程，以及对称点坐标。

在课前作业的基础上，把 $\sin x$ 加个绝对值符号，提出本节课的问题与任务。

问题1： 请同学们探究 $f(x)=|\sin x|+\cos x$ 的性质。

任务1： 请说一说我们从哪些方面研究这个新函数？请同学们猜想它的周期是多少？

有的同学说是 π，有的同学说是 $\dfrac{\pi}{2}$，有的同学说应该没有周期了，不一致的争论和猜想引发了认知冲突。

任务2： 请利用图形计算器画图。

利用图形计算器画图2.19.2，学生对问题先有直观感知，并根据图象大致猜测出任务1的问题。

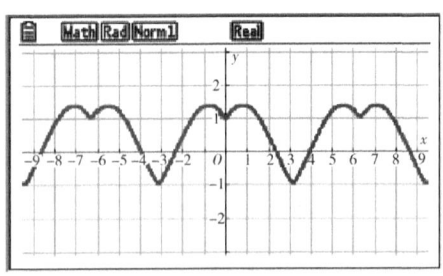

图2.19.2 函数 $f(x)=|\sin x|+\cos x$ 的示意

（二）实验操作、探究数学原理

任务3：请各组同学根据图形计算器的结果分析图象背后的数学原理，手动画出 $f(x) = |\sin x| + \cos x$ 的图象。

可能的方案一：五点法作图。

五点法作图的过程中，学生会自由地选取五个点，很多同学对五个点的特征把握不准，画图时利用的不是最值点和零点，教师要注意组织学生讨论、互评，学生会对五点法作图有更深刻的认识。

可能的方案二：图象变换。

学生提出了五点法做出函数图象，这个环节中，学生要正确处理绝对值项，注意分类条件。

$$f(x) = |\sin x| + \cos x$$

$$= \begin{cases} \sin x + \cos x, & \sin x > 0 \\ -\sin x + \cos x, & \sin x < 0 \end{cases}$$

$$= \begin{cases} \sqrt{2}\sin\left(x + \dfrac{\pi}{4}\right), & \sin x > 0 \\ -\sqrt{2}\sin\left(x - \dfrac{\pi}{4}\right), & \sin x < 0 \end{cases}$$

机器作图背后的数学原理是什么呢？学生们展开了热烈的讨论。

（三）总结、提炼、大胆猜想

任务4：展示、交流、互评，并准确地回答问题1中提出的问题。

有了准确的图象很容易得出问题1的以下五个答案。

① $f(x) = |\sin x| + \cos x$ 是偶函数（数，形）；

② 它的周期是 2π；

③ $f_{\max}(x) = \sqrt{2}$，$f_{\min}(x) = -1$；

④ 对称轴方程 $x = k\pi$，$k \in \mathbf{Z}$；

⑤ 单调增区间：$\left[2k\pi, \dfrac{\pi}{4} + 2k\pi\right]$ 和 $\left[-\pi + 2k\pi, -\dfrac{\pi}{4} + 2k\pi\right]$，

单调减区间：$\left[-\dfrac{\pi}{4} + 2k\pi, 2k\pi\right]$ 和 $\left[\dfrac{\pi}{4} + 2k\pi, \pi + 2k\pi\right]$。

通过问题1的解决，学生们初步积累了处理含有绝对值的三角函数的经验和方法。

接下来，教师抛出思考1：你对含有绝对值项的三角函数的周期有什么样的感知？

学生们产生了思维碰撞，其中让同学们提出大胆猜想，教师对学生的猜想不评价，适时地提出问题2。

（四）运用、拓展、再锤炼

问题1是在课前练习题中加了一个绝对值符号，问题2是再加一个绝对值符号。

问题2：请你研究函数 $f(x) = |\sin x| + |\cos x|$ 的性质。

首先请同学们猜想它的周期是多少。有了思考1的猜想，同学们一致回答是π。这个结论对不对呢？学生们再次拿起图形计算器，快速验证（如图2.19.3），发现了结论错误（引发认知冲突）。那么机器作图背后的数学原理又是什么呢？

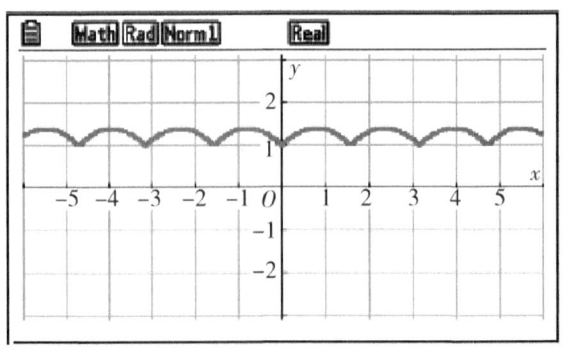

图2.19.3　函数 $f(x) = |\sin x| + |\cos x|$ 的示意

任务5：请各组同学根据图形计算器的结果分析图象背后的数学原理，手动画出 $f(x) = |\sin x| + |\cos x|$ 的图象。

令人欣慰的是，学生不仅巩固了五点法作图，还触发了平移变换法作图的灵感，有效地节省了作图时间。其思考过程如下：

$$f(x) = |\sin x| + |\cos x|$$

$$= \begin{cases} \sin x + \cos x, & x \text{ 为第一象限角} \\ \sin x - \cos x, & x \text{ 为第二象限角} \\ -\sin x - \cos x, & x \text{ 为第三象限角} \\ -\sin x + \cos x, & x \text{ 为第四象限角} \end{cases}$$

$$= \begin{cases} \sqrt{2}\sin\left(x + \dfrac{\pi}{4}\right), & x \text{ 为第一象限角} \\ \sqrt{2}\sin\left(x - \dfrac{\pi}{4}\right), & x \text{ 为第二象限角} \\ -\sqrt{2}\sin\left(x + \dfrac{\pi}{4}\right), & x \text{ 为第三象限角} \\ -\sqrt{2}\sin\left(x - \dfrac{\pi}{4}\right), & x \text{ 为第四象限角} \end{cases}$$

利用图象，同学们给出了问题2的以下五个答案。

①$f(x) = |\sin x| + |\cos x|$是偶函数（数，形）；

②它的周期是$\dfrac{\pi}{2}$；

③$f_{\max}(x) = \sqrt{2}$，$f_{\min}(x) = 1$；

④对称轴方程$x = \dfrac{k\pi}{4}$，$k \in \mathbf{Z}$；

⑤单调增区间：$\left[\dfrac{k\pi}{2}, \dfrac{\pi}{4} + \dfrac{k\pi}{2}\right]$，单调减区间：$\left[\dfrac{\pi}{4} + \dfrac{k\pi}{2}, \dfrac{\pi}{2} + \dfrac{k\pi}{2}\right]$。

通过问题2的解决，学生培养了严谨、科学的学习态度。同时，也检验了课堂教学目标的达成情况。

（五）反思、总结

学生总结含有绝对值的三角函数图象和性质的处理方法和注意事项，并自我设计作业：改变绝对值符号位置或运算的符号，得到了以下四个探究问题，供课后练习，以巩固本节课的主要知识和研究方法。

课后作业：求下列函数的最小正周期、奇偶性、单调区间、最大和最小值、对称轴方程，以及对称点坐标。

①$f(x) = \sin x + |\cos x|$；②$f(x) = |\sin x| - |\cos x|$；
③$f(x) = |\sin x + \cos x|$；④$f(x) = |\sin x| + \sin|x|$。

最后，教师肯定学生进步的同时，强调学好数学，需要一种精神——大胆猜想，小心求证。

三、本节课教学设计的特色

(一) 尊重学生认知困难

从学生的实际认知困难出发，对含有绝对值项的三角函数的图象及性质进行深度挖掘，积淀形成分析这类问题的方法和经验，在探究的过程中强化知识的灵活运用能力。

(二) 以学生为中心

以学生为中心，借助图形计算器，开展体验式学习活动。让学生以机器呈现的图形为导向，展开讨论、探究问题背后的数学原理是什么，并使学生对知识的掌握经历"获得—理解—运用—评价—掌握"的全过程，符合学生的认知发展规律。

(三) 学生主动思考

学生在思考中前行，在问题中成长。通过小组之间的激烈讨论与互评，充分调动了学生的积极性，学生全员参与、全程参与，共同战胜了困难。

案例二十　函数概念教学设计分析

潞河中学　赵亚利

一、教学背景分析

（一）教材知识编排

本套教科书始终坚持"归纳式"呈现内容，其目的是落实以数学知识产生和发展的过程为载体进行"思维的教学"这一教学的核心任务，使学生不仅学会知识，而且受到研究方法的训练，从而培养学生的思维能力，逐步发展学生独立解决问题的能力。实际上，这就是在进行"数学思维方式"的教学，也是把数学核心素养落实到知识的学习过程中。所以在课堂教学中，一定要体现好教科书的编写意图，为学生安排一个"具体事例—观察、试验—比较、分类—分析、综合—抽象、概括"的过程，使学生有机会通过自己观察、类比、归纳而得出一般规律，获得函数的概念，进一步强化对函数的理解和应用。正如弗赖登塔尔指出：函数、映射概念的出现，要比正式的定义早得多，也自然得多。我们能够也必须运用实际中出现的函数概念，而不必先去生造或定义函数、映射。在学生接触了许多函数，已经能做出函数以后，再让他们去归纳出什么是函数，这才是数学活动的范例。这种新的基本概念的创造，才能明显地表现出活动水平的提高。

（二）教学设计出发点

（第一课时）从初中学习和四个生活实例引导学生总结经历、归纳共性并概括到同类事物中,进而总结出函数的一般概念,循序渐进使学生理解函数概念、函数三要素;(第二课时)强化理解函数表示方法,认识分段函数、简单抽象函数;(第三课时)通过求不同类型函数值域进一步加深对函数概念及其三要素的理解和认识。本节课的教学,设计单元(或主题)整体教学思路(教学结构)如图2.20.1所示。

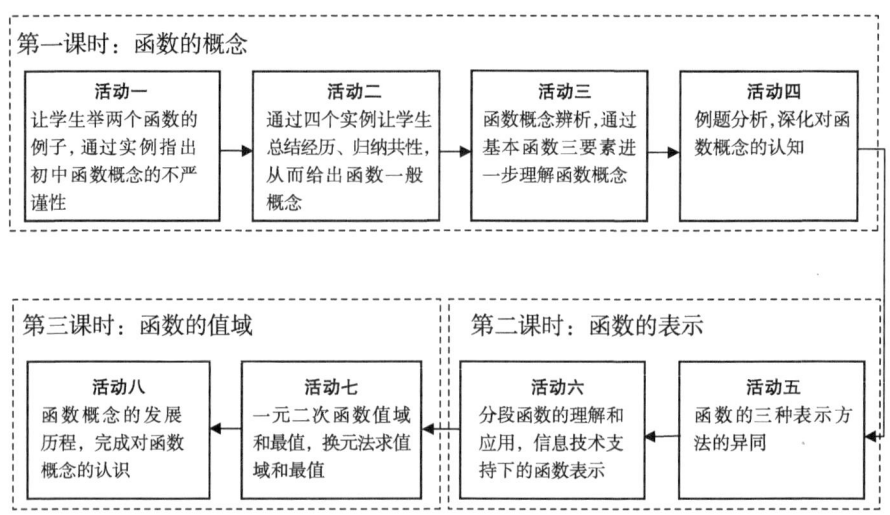

图2.20.1 设计单元的整体教学思路

从初中学习和四个生活实例引导学生经历归纳共性并概括到同类事物中,进而总结出函数的一般概念,循序渐进使学生理解函数概念、函数三要素,总结学过的基本初等函数三要素,通过例题进一步认识、辨析函数三要素,深化对函数概念的认识,通过函数概念的学习过程体会知识和获得基本活动经验,为今后的学习奠定基础。

(三)学生情况分析

在学生学习用集合与对应的语言刻画函数之前,学生已经会把函数看成变量之间的依赖关系,且比较习惯地用解析式表示函数,但这是对函数很不全面的认识。由于高中阶段函数的概念比较抽象,学生思维不成熟、不严密,要想顺利得出函数的严谨概念并不容易,故而整个教学环节总是创设恰当的问题情境,引导学生积极思考,培养他们的数学抽象、逻辑推理素养。

1. 现有知识储备

集合的概念及运算；初中函数概念及学习函数的方法；解析几何基本方法；一次函数、反比例函数、二次函数。

2. 现有能力基础

授课对象为通州区潞河中学高一年级普通班学生，学生基础知识能力参差不齐，部分具有较强的逻辑推理、抽象概括、计算能力等，能有意识并较为熟练地应用图形计算器解决问题，但是存在少数同学数学素养较为薄弱的情况。

3. 现有情感态度

由于学生在初二开始接触函数概念及应用，尤其对二次函数的固有认知比较强烈，因此学生对新的概念形式及函数概念探究过程的思维方式需要重新适应。

初中对函数概念的理解是动态，高中是从映射和集合的角度阐述函数的概念，需要学生转换思维方式，可能会造成认知冲突甚至知识混乱。学生可能对新的函数概念表达式中的符号接受困难，对抽象函数符号难以准确把握。

(四) 教学流程

教学流程如图 2.20.2 所示。

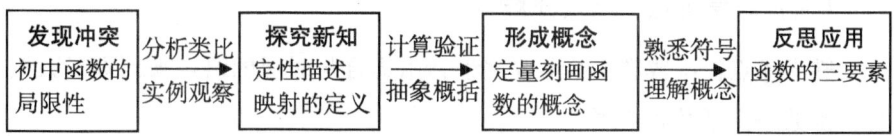

图 2.20.2　教学流程

1. 发现冲突阶段

通过四个生活实例使学生发现变化过程中函数概念的局限性，产生认知冲突，激发学生学习新的准确概念的迫切性，使学生能够积极主动探究新的函数概念。

2. 探究新知阶段

教师通过流程图的方式引导学生分析类比，发现并确定数集的应用、映射的特征、原象集合及象的集合的对应关系，初步建立对应的思想、映射的概念，发现函数概念的特征。

3. 形成概念阶段

在教师的指导下，学生通过上面四个具体实例抽象归纳出函数的概念、函数的表示方法，体会数学符号的作用，归纳新的函数概念及函数的三要素。

4. 反思应用阶段

通过学生反思收获，再次体会新的函数概念的精确之处，培养直观想象、数学抽象、逻辑推理的数学素养，建立对立与统一的辩证思想，并运用三个例题检测学生所学，为后续教学奠定基础。

（五）教学目标确定

在初中学习基础上让学生自己给出两个生活中的函数实例，再通过四个生活实例引导学生经历，归纳共性并概括到同类事物中，进而总结出函数的一般概念；循序渐进使学生理解函数概念、函数三要素，通过深化函数定义域及对应法则的理解应用，培养学生数学抽象、逻辑推理能力，使学生会说、会辩、会用。

（六）教学重点、难点分析

教学重点：函数概念的形成过程，用集合与对应的语言来刻画函数概念，函数三要素及其应用。

教学难点：函数概念的形成过程。

二、教学过程分析

在具体教学中，根据自觉性与目的性相结合的教学原则，让学生通过知识的"再建构""再创造"感悟知识的产生和发展过程，提高学生的思维能力。本节课分为以下四个阶段。

(一) 发现冲突阶段

1. 本阶段教学解决的问题

教学开始阶段，学生对于函数概念的认识停留在初中的学习水平。为此在本阶段教学过程中采取实例分析、师生讨论的方法，解决下列两个问题：产生认知冲突；明确冲突根源。

2. 本阶段教学安排

(1) 温故知新

问题1：在初中，我们已经学习过函数的概念，还学习了一些具体的函数，如正比例函数、反比例函数、一次函数、二次函数等。现在请同学们回忆一下，在初中，函数的定义是什么（在学生回答的基础上出示投影）？现在请大家举出两个变量是函数关系的一个实际例子。

问题2：函数 $y=x$ 与函数 $s=t$（t 表示时间）表示同一个函数吗？

首先引导学生调出认知体系中的固有函数概念，然后找到解决新问题的基本思路，从知识和方法两方面为产生认知冲突做好铺垫工作。通过分析讨论过程，让学生发现函数的概念还需要完善，用原有概念认知难以做出判断。

(2) 逐步聚焦（四个实例）

四个实例的示意如图 2.20.3、图 2.20.4 和图 2.20.5 所示。

- **实例1**，某"复兴号"高速列车加速到 350 k m/h 后保持匀速运行半小时．路程 y（单位：k m）与运行时间 x（单位：h）的关系可以表示为
    $y=350x$ ①
- **实例2**，某公司要求工人每周工作至少1天，至多不超过6天．工资标准是每人每天350元，而且每周付一次工资，工资 y 与一周工作天数 x 的关系可以表示为
    $y=350x$ ②

图 2.20.3　实例 1 及实例 2 示意

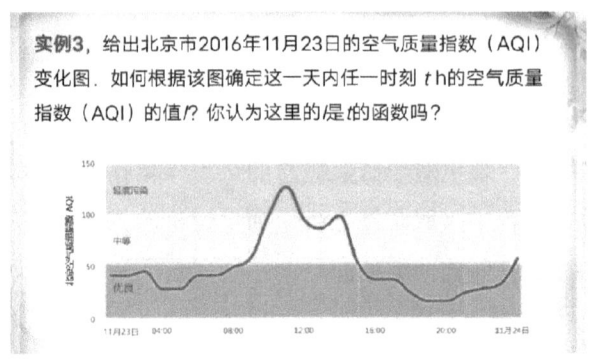

图 2.20.4　实例 3 示意

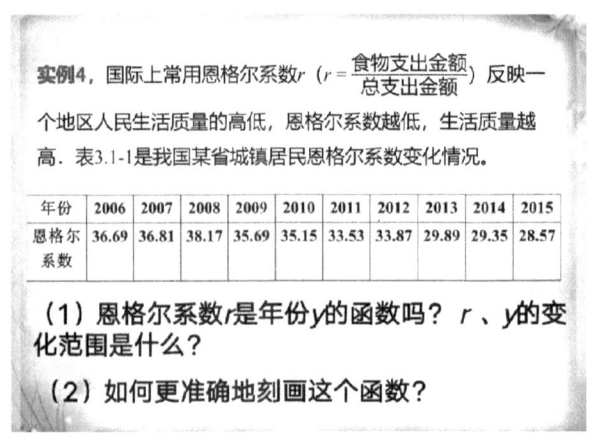

图 2.20.5　实例 4 示意

四个实例，两个为一组对比分析，学生容易找出冲突的根源是自变量的范围，进一步引导学生找到四个实例的异同点，最终将冲突的根源聚焦在自变量的取值范围、对应关系以及函数值的范围上。发现每个实例中自变量和变量的两个范围都是数集，对应关系即为函数关系。难点在于函数概念中值域与数集 B 的关系的处理和准确理解。通过与学生的分析讨论，引导学生理解，象的集合包含于数集 B，进而得出新的函数概念。

(二) 探究新知阶段

1. 本阶段教学解决的问题

本阶段需要利用数学抽象、逻辑推理，实现认知上的飞跃。为此在本阶段教学过程中采取启发谈话、反思实践的教学方法解决下列几个问题：建立新的函数概念，体验类比分析、特殊到一般的思维过程；用新的函数概念对四个实例进行再分析，形成辩证观点，建立辩证思维。

2. 本阶段教学安排

（1）探究函数概念

本阶段学生通过类比分析，容易做到从特殊到一般，揭示数学通常的发现过程，体验"数学创造"，即得到意思准确而描述不够到位的概念。这种引出概念的方式自然而又易于学生接受和形成概念。冲突在于概念的准确性以及符号表示。教师可在引导充分的前提下给出函数概念及符号表示。

（2）检验函数概念

用新的函数概念再分析四个实例，学生可以快速准确地给出答案。

（三）形成概念阶段

1. 本阶段教学解决的问题

通过再次处理上述四个实例，学生已经基本掌握了新的函数概念及函数概念的形成过程。为此采取让学生对基本初等函数的三要素进行回顾练习、快速口答的方式进一步加深对新的函数概念的认知和理解。

2. 本阶段教学安排

首先请学生根据上述四个具体的实例归纳出新的函数概念，形成概念的雏形。由教师引入函数三要素的名称及抽象函数的符号，完善新的函数概念。

（四）反思应用阶段

1. 本阶段教学解决的问题

本阶段采取了学生分享体会以及课后检测的教学方法，以求实现下列目标：希望学生将本节课所学内化于心，建构知识网络；检测学生所学，发现问题，为后面的教学提供支持。

2. 本阶段教学安排

①引导学生反思本节课有怎样的收获和体会？

②利用两个例题，使学生巩固课堂所学，反馈学习中的问题，展示学生成果。

例1：下列对应关系是不是函数关系？见表2.20.1、表2.20.2、表2.20.3。

表2.20.1　学习成果一　　　　　　　　　　　　　　（人）

考生	张成	王勇	李进	刘卫
成绩	90	100	85	120

表2.20.2　学习成果二　　　　　　　　　　　　　　（人）

考号	35	47	15	80
成绩	90	100	85	120

表2.20.3　学习成果三　　　　　　　　　　　　　　（人）

考号	35	47	15	80
成绩	90	100	缺考	120

变式1：下列对应是不是函数关系？

①$y = \pm\sqrt{x}$, $x \in \{x|x \geq 0\}$；②$h = 1$, $t \in \{t|t \geq 0\}$。

变式2：下列图象中不能作为函数$y = f(x)$的图象的是（　　　）

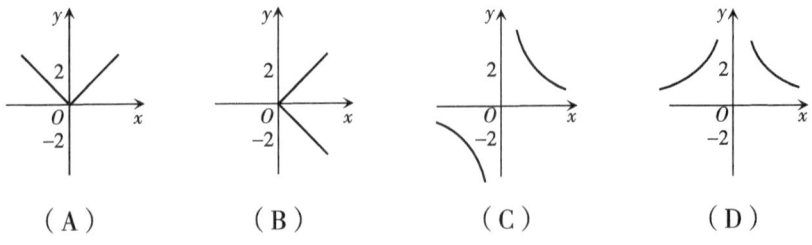

（A）　　　　（B）　　　　（C）　　　　（D）

例2：下列函数中哪个与函数$y = x$相等？

①$y = (\sqrt{x})^2$；②$y = \sqrt[3]{x^3}$；③$y = \sqrt{x^2}$；④$y = \dfrac{x^2}{x}$。

结果分析：通过对学生解答结果的分析，可见学生通过本节课的学习基本上做到了理解函数概念、理解函数三要素，能够对函数定义域及对应法则做到初步简单应用,也为下一节课的学习奠定了基础。

三、教学效果评价

教学后,对所教两个理科班的学生进行了访谈,同时对这两个班级进行了问卷调查。

(一) 调查问卷

问题 a:你能复述一下函数的概念吗?

问题 b:函数概念形成过程中的对应、类比分析、特殊到一般的数学研究方法,你理解起来有困难吗?

问题 c:你觉得新的函数概念更加严谨、更加方便理解及应用吗?

(二) 调查结果

调查结果见表 2.20.4。

表 2.20.4 调查结果 (人)

问题	统计人数	是	否
a	80	68	12
b	80	10	70
c	80	78	2

(三) 结果分析

85% 的学生能够用自己的语言来表述函数的概念,说明本节课通过四个具体实例抽象出概念的教学设计符合学生的认知能力和思维模式。87.5% 的学生能够理解对应、类比分析、特殊到一般的探究方法,但是也有较少一部分学生仍然存在困难,需要在后续教学中帮助学生深刻理解。97.5% 的学生认为新的函数概念起到了颠覆旧定义的重要作用,说明实例分析和多媒体工具的使用起到了提高课堂教学效果和效率的作用。

四、教学设计特色

(一) 遵循课标,调整资源

本节课通过温故知新,使学生产生了强烈的认知冲突,大大激发了学生探究的欲望以及学习的积极性。同时按照教材安排选择四个实例作为切入点，给学生带来了真实的认知冲突体验，多数学生能够很快辨识冲突焦点并顺利解决问题。

（二）借助多媒体技术，突破难点

本节课教学过程中，运用几何画板、动态演示、图片帮助理解题意，提高了课堂教学效率，帮助学生迅速明确了认知冲突的核心，激发了学生的学习兴趣。

（三）渗透学科素养，促进思考

本节课着重培养直观想象、数学抽象、逻辑推理的数学素养，建立了对立与统一的辩证思想，并运用两个例题检测学生所学，为后续教学奠定了基础。